广东省普通高校人文社会科学省市共建重点研究基地项目嘉应学院客家研究院 2015 年度重大招标课题"客家体育非物质文化遗产传承与保护研究——以梅州地区为例"（15KYKT03）

广东省教育科学"十二五"规划 2014 年特色创新项目：广东省体育非物质文化遗产的传承与发展研究——基于学校体育视角（2014GXJK137）

本丛书出版得到以下研究机构和项目经费资助：

嘉应学院客家研究院

梅州市客家研究院

广东省特色重点学科"客家学"建设经费

广东省客家文化研究基地—嘉应学院客家研究院

广东省非物质文化遗产研究基地—嘉应学院客家研究院

理论粤军 · 广东地方特色文化研究基地—客家文化研究基地

广东省普通高校人文社会科学省市共建重点研究基地—嘉应学院客家研究院

客家学研究丛书

第五辑

梅州客家体育非物质文化遗产研究

李 丽 著

暨南大学出版社

JINAN UNIVERSITY PRESS

中国·广州

图书在版编目（CIP）数据

梅州客家体育非物质文化遗产研究/李丽著．—广州：暨南大学出版社，2020.8
（客家学研究丛书．第五辑）
ISBN 978 - 7 - 5668 - 2866 - 8

Ⅰ．①梅…　Ⅱ．①李…　Ⅲ．①客家人—民族形式体育—体育文化—非物质文化遗产—研究—梅州　Ⅳ．①G852.9

中国版本图书馆 CIP 数据核字（2020）第 036258 号

梅州客家体育非物质文化遗产研究
MEIZHOU KEJIA TIYU FEIWUZHI WENHUA YICHAN YANJIU
著　者：李　丽

出 版 人：张晋升
策划编辑：杜小陆
责任编辑：曾小利
责任校对：黄　球　冯月盈
责任印制：汤慧君　周一丹

出版发行：暨南大学出版社（510630）
电　　话：总编室（8620）85221601
　　　　　营销部（8620）85225284　85228291　85228292　85226712
传　　真：（8620）85221583（办公室）　85223774（营销部）
网　　址：http://www.jnupress.com
排　　版：广州市天河星辰文化发展部照排中心
印　　刷：佛山市浩文彩色印刷有限公司
开　　本：787mm×960mm　1/16
印　　张：12.75
字　　数：202 千
版　　次：2020 年 8 月第 1 版
印　　次：2020 年 8 月第 1 次
定　　价：56.00 元

总　序

客家文化以其语言、民俗、音乐、建筑等方面的独特性，尤其是客家人在海内外社会经济发展中的突出贡献，引起了历史学、人类学、民俗学和语言学等诸多学科领域内学者的关注。而随着西方人文学科理论和研究方法在 20 世纪初传入我国，客家历史与文化研究也逐渐进入科学规范的研究行列，并相继出现了一批具有开创性的研究成果。1933 年，罗香林《客家研究导论》的出版，标志着客家研究进入了现代学术研究的范畴。20 世纪 80 年代以来，著作、论文等研究成果的推陈出新，也在呼吁学界能够设立专门的学科并规范客家研究的科学范式。

作为国内较早成立的专门从事客家研究的机构，嘉应学院客家研究院用二十五载的岁月，换来了客家研究成果在数量上空前的增长，率先成为客家学研究的重要阵地，也引起了国内外学术界的高度关注。但若从质的维度来看，当前的客家研究还面临一系列有待思考及解决的问题：客家学研究的主题有哪些？哪些有意义，哪些纯粹是臆测？这些主题产生的背景是什么？它们是如何通过社会与历史的双重作用，而产生某些政治、经济乃至文化权力的诉求与争议的？当代客家研究如何紧密结合地方社会发展的需要，又如何与国内外其他学科对话与交流？诸如此类的疑惑，需要从理论探索、田野实践和学科交叉等层面努力，以理论对话和案例实证作为手段，真正实现跨区域和多学科的协同创新。

一、触前沿：客家学研究的理论探索

当前的客家学研究主要分布在人文社会科学的诸多学科范围之内，所以开展卓有成效的客家研究自然需要敢于接触不同学科领域的学术理论。比如，社会学科先后出现过福柯的权力理论、布尔迪厄的实践理论、吉登

斯的结构化理论、鲍曼的风险社会理论、哈贝马斯的沟通行动理论、卢曼的系统理论、科尔曼的理性选择理论和亚历山大的文化社会学理论。[①] 社会科学研究经常需要涉及的热点议题，在客家研究中同样不可回避，比如社会资本、新阶层、互联网、公共领域、情感与身体、时间与空间、社会转型和世界主义。[②] 再比如，社会学关于移民研究的推拉理论、人类学对族群研究的认同与边界理论以及社会转型与文化变迁的机制，都可以具体应用到客家研究上，并形成理论对话而提升客家研究的高度。在研究方法上，人文社会科学提倡的建模、机制与话语分析、文化与理论自觉等前沿手段，[③] 都可以遵循"拿来主义"的原则为客家研究所用。

可以说，客家研究要上升为独具特色的独立学科，首先要解决的便是理论对话和科学研究的范式问题。客家学作为一门融会了众多社会人文学科的综合性学科，既不是客家史，也不是客家地区政治、经济、文化等内容的汇编或整合，而是一门以民族学基础理论为基础，又比民族学具有更多独特特征、丰富内容的学科。[④] 不可否认的是，客家研究具有自身独特的学术传统，但要形成自身的理论构架和研究方法，若离开历史学、文献学、考古学、人类学、语言学、社会学、民俗学等诸多学科理论的支撑，显然就是痴人说梦。要在这方面取得成绩，则非要长期冷静、刻苦、踏实、认真潜心研究不可。如若神不守舍、心动意摇，就会跑调走板、贻笑大方。在不少人汲汲于功名、切切于利益、念念于职位的当今，专注于客家研究的我们似乎有些另类。不过，不管是学者应有的社会良知与独立人格，还是人文学科秉持的历史责任与独立思考的精神，都激励我们坚持实事求是的原则，在触碰前沿理论上不断探索，以积累学科发展所需的坚实理论。

要做到这一点，就得潜下心来大量阅读国内外学术名著，了解前沿理论的学术进路和迁移运用，使客家研究能够进入国际学术研究对话的行列。

---

① DEMEULENAERE P. Analytical sociology and social mechanisms. Cambridge：Cambridge University Press，2011.

② TURNER J H ed. Handbook of sociological theory. New York：Kluwer Academic Publishers，2001.

③ JACCARD J & JACOBY J. Theory construction and model-building skills. New York：Guilford Press，2010.

④ 吴泽：《建立客家学刍议》，载吴泽主编：《客家学研究》（第 2 辑），上海：上海人民出版社，1990 年。

二、接地气：客家研究的田野工作

学科发展需要理论的建设与支撑，更离不开学科研究对象的深入和扩展，而进入客家人生活的区域开展田野工作，借助从书斋到田野再回到书斋的螺旋式上升的研究路径，客家研究才能做到"既仰望星空又能接地气"，才能厚积薄发。

人类学推崇的田野工作要求研究者通过田野方法收集经验材料的主体，客观描述所发现的任何事情并分析发现结果。[①] 田野工作的目标要界定并收集到自己足以真正控制严格的经验材料，所以需要充分发挥参与观察、深度访谈和问卷调查的手段。从学科建设和学科发展的角度，客家族群的分布和文化多元特征，决定了客家研究对田野调查的依赖性。这就要求研究者深入客家乡村聚落，采用参与观察、个别访谈、开座谈会、问卷调查等方法调查客家民俗节庆、方言、歌谣等，收集有关客家地区民间历史与文化丰富性及多样性的资料。

而在客家文献资料采集方面，田野工作的精神同样适用。一方面，文献资料可以增加研究者对客家文化的理解，还可以对研究者的学术敏感和问题意识产生积极影响；另一方面，田野工作既增加了文献资料的来源，又能提供给研究者重要的历史感和文化体验，也使得文献的解读可以更加符合地方社会的历史与现实。譬如，到图书馆、档案馆等公藏机构及民间广泛收集对客家文化、客家音乐、客家方言等有所记载的正史、地方志、文集、族谱及已有的研究成果等。田野调查需要入村进户，因此从具有深厚文化传统的客家古村落入手，无疑可以取得事半功倍的效果。

在客家地区开展田野调查，需要点面结合才能形成质量上乘的多点民族志。20 世纪 90 年代，法国人类学家劳格文与广东嘉应大学（2000 年改名为嘉应学院）、韶关大学（2000 年改名为韶关学院）、福建省社会科学院、赣南师范学院、赣州市博物馆等单位合作，开展"客家传统社会"的系列研究。他在长达十多年的时间里，辗转于粤东、闽西、赣南、粤北等地，深入乡镇村落，从事客家文化的田野调查。到 2006 年，这些田野调查的成果汇集出版了总计 30 余册的"客家传统社会"丛书，不仅集中地描述客家地区传统民俗与经济，还具体地描述了传统宗族社会的形成、发展

---

① 托马斯·许兰德·埃里克森，周云水、吴攀龙、陈靖云译：《什么是人类学》，北京：北京大学出版社，2013 年，第 65－67 页。

和具体运作及其社会影响。

2013 年以来，嘉应学院客家研究院选择了多个历史悠久、文化底蕴深厚的古村落，以研究项目的形式开展田野作业，要求研究人员采用参与观察、深度访谈、文献追踪等方法，对村落居民的源流、宗族、民间信仰、习俗等民间社会与文化的形成与变迁进行深入的分析和研究，形成对乡村聚落历史文化发展与变迁的总体认识。在对客家地区文化进行个案分析与研究的基础上，再进行跨区域、跨族群的文化比较研究，揭示客家文化的区域特征，进而梳理客家社会变迁和文化发展过程。

闽粤赣是客家聚居的核心区域，很多风俗习惯都能够找到相似的元素。就每年的元宵习俗而言，江西赣州宁都有添丁炮、石城有灯彩，而到了广东的兴宁和和平县，这一习俗则演变为"响丁"，花灯也成了寄托客家民众淳朴愿望的符号。所以，要弄清楚相似的客家习俗背后有何不同的行动逻辑，就必须用跨区域的视角来分析。这一源自田野的事例足以表明田野调查对客家学研究的重要性。

无论是主张客家学学科建设应包括客家历史学、客家方言学、客家家族文化、客家文艺、客家风俗礼仪文化、客家食疗文化、客家宗教文化、华侨文化等，[①] 还是认为客家学的学科体系要由客家学导论、客家民系学、客家历史学、客家方言学、客家文化人类学、客家民俗学、客家民间文学、客家学研究发展史等八个科目为基础来构建，[②] 客家研究都无法回避研究对象的固有特征——客家人的迁徙流动而导致的文化离散性，所以在田野调查时更强调追踪研究和村落回访[③]。只有夯实田野工作的存量，文献资料的采集才可能溢出其增量的效益。

三、求创新：客家研究的学科交叉

学问的创新本不是一件易事，需要独上高楼，不怕衣带渐宽，耐得住孤独寂寞，一往无前地上下求索。客家研究更是如此，研究者需要甘居边缘、乐于淡泊、自守宁静的治学态度——默默地做自己感兴趣的学问，与

---

① 张应斌：《21 世纪的客家研究——关于客家学的理论建构》，《嘉应大学学报》，1996 年第 4 期。

② 凌双匡：《建立客家学的构想》，《客家大观园》，1994 年创刊号。

③ 科塔克，周云水译：《文化人类学——欣赏文化差异》，北京：中国人民大学出版社，2012 年，第 457–459 页。

两三同好商量旧学、切磋疑义、增益新知。

客家研究要创新，就需要综合历史学、人类学、语言学、音乐学、社会学等学科理论和方法，对客家民俗、客家方言、客家音乐等进行综合分析和研究，以学科交叉合作的研究方式，形成对客家族群全面的、客观的总体认识。

客家族群作为中华民族共同体的一个重要支系，在其形成和发展过程中融合多个山区民族的文化，形成独具特色的文化体系。建立客家学学科，科学地揭示客家族群的个性和特殊性，可以加深和丰富对中华民族的认识。用客家人独特的历史、民俗、方言、音乐等本土素材，形成客家学体系并进一步建构客家学学科，将有助于促进中国人文社会科学本土化的发展，从而为中国人文社会科学的发展和繁荣作出应有的贡献。客家人遍布海内外 80 多个国家和地区，客家华侨华人 1 000 余万，每年召开一次世界性的客属恳亲大会，在全世界华人中具有重要影响。粤东梅州是全国四大侨乡之一，历史遗存颇多，文化积淀深厚，华侨成为影响客家社会历史和文化发展的重要因素。建立客家学学科，将进一步拓宽华侨华人研究领域，有助于华侨华人与侨乡研究的深入发展。

005

在当前客家学研究成果积淀日益丰厚、客家研究日益受到社会各界重视的情况下，总结以往研究成果，形成客家学学科理论和方法，构建客家学学科体系，成为目前客家学界非常紧迫而又十分重要的任务。

嘉应学院客家研究院敢啃硬骨头，在总结以往研究成果的基础上，完成目前学科建设条件已初步具备的客家文化学、客家语言文字学、客家音乐学等的论证和编纂，初步建构客家学体系的分支学科。具体而言，客家文化学探讨客家文化的历史、现状和未来并揭示其发生、发展规律，分析客家族群的物质文化、制度文化和精神文化的产生、发展过程及其特征。客家语言文字学探讨客家方言的语音、词汇、语法、文字等的特征，展示客家语言文字的具体内容及其社会意义。客家音乐学探讨客家山歌、汉剧、舞蹈等的发生、发展及其特征，揭示客家音乐的具体内容和社会意义。

客家族群是汉民族的一个支系，研究时既要注意到汉文化、中华文化的普遍性，又要注意到客家文化的独特性，体现客家文化多元一体的属性。客家学研究的对象，决定客家学是一门融合历史学、民俗学、方言学、音乐学、社会学等众多社会人文学科的综合性学科。如何形成跨学科的客家学研究理论与方法，是客家研究必须突破的重要问题。唯有明确客

家学研究的基本概念、理论和方法，通过广泛的田野调查和深入的个案研究，广泛收集关于客家文化、客家方言、客家音乐等各种资料，从多角度进行学科交叉合作的分析和研究，才能实现创新和发展。

嘉应学院地处海内外最大的客家人聚居地，具有开展客家学研究得天独厚的地缘优势。1989年，嘉应学院的前身嘉应大学率先在全国建立了专门性的校级客家研究机构——客家研究所。2006年4月，以客家研究所为基础，组建了嘉应学院客家研究院、梅州市客家研究院。因研究成果突出、社会影响大，2006年11月，客家研究院被广东省社会科学界联合会评为"广东省客家文化研究基地"；2007年6月，被广东省教育厅评为"广东省普通高校人文社会科学省市共建重点研究基地"。之后其又被广东省委宣传部、广东省社会科学院评为"广东地方特色文化研究基地——客家文化研究基地"，被广东省文化厅评为"广东省非物质文化遗产研究基地"，被广东省教育厅评为"广东省粤台客家文化传承与发展协同创新中心"；还经国家民政部门批准，在国家一级学会"中国人类学民族学研究会"下成立了"客家学专业委员会"。

2009年8月，在昆明召开的第16届国际人类学大会上，客家研究院成功组织"解读客家历史与文化：文化人类学的视野"专题研讨会，初步奠定了客家研究国际化的基础。2012年12月，客家研究院召开了"客家文化多样性与客家学理论体系建构国际学术研究会"，基本确立了客家学学科建设的基本途径和主要方法。另外，1990年以来，嘉应学院客家研究院坚持每年出版两期《客家研究辑刊》（现已出版45期），不仅刊载具有理论对话和新视角的论文，也为未经雕琢的田野报告提供发表和交流的平台。自1994年以来，客家研究院承担国家社会科学基金项目2项，广东省哲学社会科学规划项目等20余项，出版《客家源流探奥》① 等著作50余部，其中江理达等的著作《兴宁市总体发展战略规划研究》② 获广东省哲学社会科学优秀成果一等奖，肖文评的专著《白堠乡的故事——地域史脉络下的乡村建构》③ 获广东省哲学社会科学优秀成果二等奖，房学嘉的专

---

① 房学嘉：《客家源流探奥》，广州：广东高等教育出版社，1994年。

② 江理达等主编：《兴宁市总体发展战略规划研究》，广州：广东教育出版社，2010年。

③ 肖文评：《白堠乡的故事——地域史脉络下的乡村建构》，北京：生活·读书·新知三联书店，2011年。

著《粤东客家生态与民俗研究》① 获广东省哲学社会科学优秀成果三等奖。深厚的研究成果积淀，为客家学学科建设奠定了坚实的理论基础。经过几代人的不懈努力，嘉应学院的客家研究已经具备了在国际学术圈交流的能力，这离不开多学科理论对话的实践和田野调查经验的积累。

客家学研究丛书的出版，既是客家研究在前述立足田野与理论对话"俯仰之间"兼顾理论与实践的继续前行，也是嘉应学院客家学研究朝着国际化目标迈出的坚实步伐。"星星之火，可以燎原"，这套丛书包括学术研究专著、田调报告、教材、译著、资料整理等，体现了客家学学科建设的不同学术旨趣和理论关怀。古人云，"不积跬步，无以至千里；不积小流，无以成江海"，我们愿意从点滴做起。希望丛书的出版，能引起国内外客家学界对客家学学科体系建设的关注，促进客家学研究的科学化发展。

编 者

2014 年 8 月 30 日

---

① 房学嘉：《粤东客家生态与民俗研究》，广州：华南理工大学出版社，2009 年。

前　言

　　非物质文化遗产是文化的重要组成部分，联合国教科文组织在《保护非物质文化遗产公约》（以下简称《公约》）中对"非物质文化遗产"的定义是：指被各社区、群体，有时为个人，视为其文化遗产组成部分的各种社会实践、观念表述、表现形式、知识、技能及相关的工具、实物、手工艺品和文化场所。《公约》根据这一定义，指出"非物质文化遗产"包括以下五个方面的内容：口头传统和表现形式，包括作为非物质文化遗产媒介的语言；表演艺术；社会实践、仪式、节庆活动；有关自然界和宇宙的知识和实践；传统手工艺。该定义对非物质文化遗产的界定不但包含了物质的载体，还涵盖了无物质的载体；有固定表现形式与无固定表现形式的各种具有特定民族文化内涵的非物质文化遗产，具有很强的定义外延性。2005年3月，国务院办公厅公布的《关于加强我国非物质文化遗产保护工作的意见》的附件《国家级非物质文化遗产代表作申报评定暂行办法》中对非物质文化遗产的界定是"指各族人民世代相承的、与群众生活密切相关的各种传统文化表现形式（如民俗活动、表演艺术、传统知识和技能，以及与之相关的器具、实物、手工制品等）和文化空间"。《国家级非物质文化遗产代表作申报评定暂行办法》中也列举了非物质文化遗产涵盖的6项内容，其中前5项与联合国教科文组织《公约》界定的5项内容是一致的，另外又列举了第6项为"与上述表现形式相关的文化空间"。第6项可以分为两类：传统的文化表现形式，如民俗活动、表演艺术、传统知识和技能等；文化空间，即定期举行传统文化活动或集中展现传统文化表现形式的场所，兼具空间性和时间性。2011年2月《中华人民共和国非物质文化遗产法》中对非物质文化遗产的界定为：各族人民世代相传并视为其文化遗产组成部分的各种传统文化表现形式，以及与传统文化表现

形式相关的实物和场所，包括：①传统口头文学以及作为其载体的语言；②传统美术、书法、音乐、舞蹈、戏剧、曲艺和杂技；③传统技艺、医药和历法；④传统礼仪、节庆等民俗；⑤传统体育和游艺；⑥其他非物质文化遗产。

文化随着社会发展而不断演进，非物质文化也必然随着文化的发展而改变。如何在社会与文化发展的过程中传承和发展体育非物质文化，是弘扬民族文化和区域文化不可忽视的问题。2003 年国家启动民族民间文化保护工程——《关于实施中国民族民间文化保护工程的通知》，2005 年国务院下发《关于加强文化遗产保护的通知》，2011 年全国人大颁布《中华人民共和国非物质文化遗产法》，这些文件的出台为传承和保护非物质文化遗产提供了强有力的制度保障。

客家源于中原汉人，是中国重要的民系之一，过去由于战乱、饥荒和政府奖掖等原因，经几度迁移扩展到江西、福建、广东、广西、四川、湖南、台湾等省以及世界 70 多个国家和地区。目前世界上已有 1 亿多客家人，大多定居于闽、粤、赣等地区。其中，梅州地区客家居民众多，被称为"世界客都"。梅州历史源远流长，先秦时为百越地，秦汉时属南海郡，南齐中兴元年（501）置程乡县，南汉乾和三年（945）置敬州，宋开宝四年（971）改称梅州，元至元十六年（1279）为梅州路总管府，清雍正十一年（1733）升格为直隶嘉应州，民国时先后属潮循道、第六行政督察区。中华人民共和国成立后，1949 年设兴梅专区，1952 年并入粤东行政区，1965 年设梅县专区，1970 年改称梅县地区，1988 年改设梅州市。梅州市位于广东省东北部的粤、闽、赣三省交界处，梅州北部及西北与江西省毗邻，东部及东北与福建省接壤，西部连接龙川、紫金，西南接陆河，南面与揭西、揭阳、潮州和饶平县交界，是连接广东省沿海地区与闽、赣内陆地区的中间地带。梅州市下辖梅江区、梅县区、大埔县、蕉岭县、丰顺县、五华县、平远县和兴宁市，总面积为 15 864.5 平方千米，市区面积为 298.4 平方千米，总人口 550.11 万人，绝大部分为客家人（丰顺县有一小部分人讲潮州话，另有 400 多人为畲族）。

梅州是全世界最大的客家人聚居地，客家人占全市总人数的 97%。梅州是著名的文化之乡、华侨之乡、足球之乡和金柚之乡。梅州的历史文化绚丽多彩，早在新石器时代，生活在这里的百越先民就已经创造了百越文明，1993年梅州经国务院批准为国家历史文化名城。梅州客家人历来重视文化教育，涌现出了很多历史文化名人，黄遵宪、林风眠、丘逢甲等都是梅州的文化名人。梅州客家人也十分重视体育活动，五华的"元坑村"被誉为"中国近代足球的发祥地"。梅县足球更具有辉煌的历史，不仅出了"亚洲球王"李惠堂，更为国家培养了300多名优秀的省队和国家队足球运动员。1956年国家体委正式授予梅县"足球之乡"的称号。周恩来总理曾在会见外宾时说"请大家到梅县看足球"。除足球以外，梅州客家人逢年过节还经常开展舞龙舞狮、划旱船、舞灯、跳杯花舞等活动，民间还保留着舞席狮、打莲池等文化习俗，有些客家体育文化因其独有的文化特色入选国家级体育非物质文化遗产，如"埔寨火龙"等。全市有七个省级艺术之乡：梅县客家山歌艺术之乡、大埔县茶阳镇花环龙艺术之乡、平远县船灯舞艺术之乡、丰顺县埔寨镇火龙艺术之乡、五华县新桥镇竹马艺术之乡、兴宁市杯花舞艺术之乡、大埔县广东汉乐艺术之乡。梅州还是中国客家文化生态保护试验区，区内各级政府普查到的非物质文化遗产有600余项。

随着现代文明的不断发展，传统文化的传承与发展不断受到冲击，体育非物质文化不断消亡，尤其是一些民俗类体育非物质文化濒临绝迹。在国家大力提倡保护非物质文化遗产的当下，如何传承与保护梅州客家体育非物质文化遗产引起了笔者的关注。因此，在嘉应学院客家研究院的大力支持下，"客家体育非物质文化遗产传承与保护研究——以梅州地区为例"课题获得立项。经过三年多的田野调查和访谈，收集了大量的文字资料和图片文件，为课题研究提供了强有力的依据和支撑。

2019年3月27日于嘉园

目 录

第一章　客家体育非物质文化遗产的
分布与特点

第一节　客家体育非物质文化遗产的分布

梅州地区体育非物质文化遗产丰富，有舞龙类、舞狮类、传统舞蹈类、民俗类和武术类等多种类型。其中，舞龙类包括大埔的花环龙、青溪黑蛟灯，丰顺埔寨火龙等；舞狮类包括梅江区席狮舞、大埔青溪仔狮灯；传统舞蹈类包括兴宁杯花舞、大埔鲤鱼灯舞、五华竹马舞、蕉岭莲池舞、兴宁马灯舞、蕉岭广福船灯舞、五华锣花舞、平远船灯、梅江区铙钹花、平远落地金钱；民俗类包括平远落地花鼓、大埔迎灯、五华下坝迎灯、大埔百侯龙珠灯；武术类包括平远黄氏头部拳。在这些体育非物质文化遗产中，席狮舞是国家级非物质文化遗产；大埔花环龙、丰顺埔寨火龙、大埔青溪仔狮灯、兴宁杯花舞、五华竹马舞、蕉岭莲池舞等是广东省非物质文化遗产。梅州市下辖的一市（兴宁市）、两区（梅江区、梅县区）、五县（大埔县、蕉岭县、丰顺县、五华县、平远县）均分布有客家体育非物质文化遗产。

兴宁市位于广东省东北部兴宁盆地（粤东地区最大的盆地）的东江、韩江上游，兴宁市辖3个街道、17个镇，为粤、赣、闽边区陆路交通枢纽和主要商品集散地。兴宁历来人杰地灵、人文荟萃，曾出现过众多名人，被誉为"粤东明珠"，是全省闻名的"文化之乡""足球之乡""华侨之乡""商贸之乡"。兴宁市居民绝大部分为客家人，有部分少数民族，当地民居、民俗和方言都极具鲜明的客家特色，是中国最具代表性的客家城市之一。"版画"和"杯花舞"是兴宁民间文化艺术的代表，曾多次参加国

内外的展演，因此兴宁素有"版画之乡"和"杯花舞之乡"的美誉。其中，"杯花舞"是兴宁民间传统舞蹈节目，是根据客家地区打竹板的节奏演变出来的一种舞蹈形式，流行于兴宁全境。除兴宁外，"杯花舞"在龙川、平远、梅县、五华一带也有流传。此外，兴宁的足球运动起步较早、发展迅速，涌现出了蔡锦标、谢育新等国家队名将。

1988 年 1 月撤销梅县地区和梅县市成立梅州市、实行市管县的体制时，将原梅县市城区 5 个办事处（金山、东山、黄塘、五洲、江南）和城郊 5 个乡镇（城北、东郊、西郊乡、长沙、三角镇）组建为梅州市的直辖县级区——梅江区，于同年 3 月成立。区政府设在仲元东路原县政府大院。后经多次调整，至 2018 年底，梅江区辖长沙、三角、城北、西阳 4 个镇和西郊、金山、江南 3 个街道，81 个村民委员会和 45 个社区居民委员会。土地面积 570.61 平方千米。年末户籍人口约 35.67 万人，常住人口约42.35 万人。梅江区与梅县原为一家，民情风俗、语言习惯亦相同。饶钹花是流传于梅州市梅江区的一种民间佛事舞蹈，源于佛教传入梅州以后的"香花"派，是"香花佛事"的重要项目之一，是梅州城区及周边地区客家人特有的一种民间传统宗教信仰舞蹈，是客家民众在进行传统人生礼仪"香花佛事"时僧（尼）穿插进行的一种类似于杂技的技艺表演，也是梅州民间办丧事时必需的传统表演项目之一。"席狮舞"也称"打席狮"，是流行于梅州梅江区一带的客家人特有的一种传统民间舞蹈，也是佛教场中佛家僧人为民间办丧事念经以超度亡灵（客家人称为"做斋"）的一种祭祀性舞蹈，是穿插于佛场间的一种游艺活动。

梅县区位于广东省东北部、梅州市中部，东临大埔，西界兴宁，南连丰顺，北接蕉岭，东北与福建上杭毗连，西北与平远接壤，地处闽、粤、赣三省边区要冲。梅县历史悠久，早在四五千年前的新石器时代即有人类居住。春秋战国时为南越地，秦汉时为南海郡揭阳县境。晋、宋时属义安郡海阳县。南齐（479—502）分海阳至程乡县，这是梅县建置之始，梁、陈时程乡所辖被废，隋朝复置程乡，属义安郡潮州，唐代沿用此名称，为潮州郡所辖。北宋开宝四年（971）改敬州为梅州。元代未改名称。明洪武二年（1369）废梅州复置程乡县，隶属于潮州府。清雍正十一年（1733）升程乡为直隶嘉应州，辖兴宁、长乐（五华）、平远、镇平（蕉岭）四县，连同本属称为"嘉应五属"。辛亥革命（1911）推翻清朝统治后将嘉应州改为梅州，民国元年（1912）改称梅县，1983 年改称梅县市。1988 年撤销梅县地区设置梅州市后，从梅州市析出县级的梅江区，复改称为梅县。梅县有 26 个镇，398 个管理区，面积 2 755.4 平方千米，人口近 60 万人，绝大部分为讲客家方言的汉族人。梅县旅居海外的华侨、港澳台同胞有 80 余万人，素有"华侨之乡"的称誉；由于文教事业发达，足球运动兴盛，亦有"文化之乡""足球之乡"的美称。

丰顺位于粤东，梅州市南端，总面积 2 691 平方千米，地处潮梅水陆交通枢纽，是梅州市及赣南、闽西等地通往潮汕平原的必经之地，县域在春秋战国时为百越地，秦汉时属南海郡揭阳，东晋以后归海阳，清乾隆三年（1738）建县，境内崇山峻岭，层峦叠嶂，形势险要。丰顺山多田少，社会经济以农业为主，人民生活比较贫困。自清代开始，外出谋生者渐增，现旅外侨胞和港澳台同胞40 多万人。因此，丰顺又是广东省的重点侨乡之一。丰顺县埔寨的埔南和埔北的火龙，出现在元宵节之夜，是将元宵节火的元素引入了传统的舞龙活动中，丰顺埔寨火龙是客家民俗体育活动中的典型代表。

平远县位于闽、赣两个省的左右，广州的东北方向，西毗邻兴宁市，南毗邻梅县区，东毗邻蕉岭县，西北毗邻寻乌县，北边与福建省武平县相邻。1562 年，平远县正式成立，平远县隶属梅州市，共 13.81 万公顷（1 381平方千米）。平远县共辖 12 个镇、136 个村、7 个社区，人口为 26 万人，城区规划面积为 11.8 平方千米，被誉为"世界客都文化始祖地""中国油茶之乡""广东脐橙之乡""世界客都第一村"。平远客家人历来有在节日期间进行民间艺术表演的习俗，以增添节日热闹气氛。主要有船灯、舞狮、舞龙（即龙舞）、马灯、花灯、落地金钱、落地花鼓、黄氏头部拳，等等。而平远的船灯舞、落地金钱、石正龙舞、仁居香火龙和黄氏头部拳等被列为梅州市非物质文化遗产项目，其中平远船灯舞被列为省级非物质文化遗产项目。

大埔自东晋义熙九年（413）建立义招县，迄今已有 1 600 多年，在此期间，县名几经变易，直至明嘉靖五年（1526）重置县定名大埔，至今已有 490 多年。大埔地处闽、粤边陲，扼韩江咽喉，境内峰峦叠嶂，溪河遍

布，有"万川"之称。大埔县地少山多，人多田少，向来有不少人外出谋生，在国外开创事业，尤以去南洋群岛的为多。大埔历来重视文化教育，名流志士，代不乏人。大埔又是广东省陶瓷主产区之一，陶瓷饮誉中外。因此，大埔素有"华侨之乡""文化之乡""陶瓷之乡"的美誉。大埔县的村镇都有闹元宵——迎灯的民俗传统活动。花环龙、鲤鱼灯舞、青溪仔狮灯等民间艺术给山区人民增添了春色，点缀了风光。

蕉岭县旧称镇平县，于明崇祯六年（1633）析平远之石窟都和程乡之松源、龟浆二都置县，隶属潮州。清雍正十一年（1733）嘉应州成立后，镇平县隶属嘉应州。民国三年（1914）改名蕉岭县，现隶属于梅州市。1993 年 10 月撤乡设镇，蕉岭县设蕉城、新铺、三圳、文福、广福、兴福、长潭、蓝坊、高思、南礤、北礤、徐溪共 12 个镇，下设 97 个管理区，1 374 个村民委员会。蕉岭县位于梅州市东北部，闽、粤、赣三省边陲，韩江上游，北邻福建省武平县，东南连梅县，西界平远县，是闽粤交通的要冲。蕉岭是汉族客家民系聚居的地方，总面积957.1 平方千米，全县人口22.8 万。生态环境优美，境内山清水秀、森林茂密、风景优美。蕉岭的莲池舞、马灯舞是极具地方特色的传统舞蹈。此外，蕉岭广福船灯舞也是蕉岭县进行对外交流、文化传播以及维系桑梓的重要载体，深受海内外乡贤及客家民众的喜爱。

五华县位于广东省东部，韩江上游，总面积3 226.1 平方千米，约110万人口，大部分为讲客家话的汉族。五华县是梅州市通往广州、深圳、珠海等经济发达地区的门户，地理位置优越，全县设 30 多个镇，400 多个管理区，34 个居委会，县政府设置在水寨镇，另外还有河东镇、华城、安流镇。五华县古为百越地，秦始皇统一岭南以后属南海郡龙川县，其后隶属几经变化。北宋熙宁四年（1071）置县，因南越王赵佗在华城筑有"长乐台"，故称长乐县，属循州。明属惠州。清雍正属嘉应州。民国三年（1914）始改五华，因境内五华山得名，属潮循道。民国二十五年（1936）隶属广东省第六区行政督察专员公署。中华人民共和国成立后，五华先属兴梅专区，后属粤东行政区、汕头专区，现属梅州市。五华民风淳朴，民性刚毅，人杰地灵，尤以石匠众多且技艺精巧而著称，有"工匠之乡"的美誉。五华还是著名的"足球之乡"，世界球王李惠堂的老家就在五华。

五华县有华侨和港澳台同胞 30 多万人，其中不乏知名人士，五华又有"文化之乡"和"华侨之乡"的称誉。五华县的下坝迎灯、竹马舞、锣花舞等是当地较为典型的传统体育项目。

第二节　客家体育非物质文化遗产的特点

我国是一个多民族的国家，各民族、各地区的传统体育项目在内容和形式上都呈现出多样性，同时也表现出了各自独有的特色。任何一种文化的形成，都需要一个长期融合、积淀的过程，这种文化一旦形成了便难以改变，风俗习惯尤其如此。客家先民及后裔，在辗转迁徙、拓荒创业的过程中，逐渐形成了闻名世界的"客家精神"：勇于开拓、艰苦创业、勤俭质朴、革命进取、爱国爱乡、诚挚团结、敬祖睦宗等。客家人来自北方的中原，他们迁徙至南方的同时保留着中原的一些风俗习性，因此众多的客家体育非物质文化在传承与发展过程中，不但展现出了中原体育文化的原有特色，也展现出了客家体育非物质文化自身的特点。

005

1. 客家精神的弘扬与传统文化的传承性

"崇拜祖先，重视传统"是客家人的本性。客家人的祖先原本生活在中原地区，后来迫于战乱、饥荒等因素而南迁。在艰苦又漫长的历史发展进程中，客家人始终传承着中原文化，他们不忘本源，重视传统，崇敬祖先。因此，大部分客家体育非物质文化都彰显着客家人对祖先的崇敬和对传统文化的重视。梅州地区的客家迎灯活动是客家人在春节和元宵节等节日广泛开展的一项民俗活动，例如有近 600 年历史的五华下坝迎灯活动，至今仍保留着最初的祭祀环节——祭祖、游街等。在客家迎灯活动中，客家民众不仅增强了客家宗族的凝聚力，满足了族人文化交往的需要，还延续了中华民族优秀的传统文化。又如，大埔地区的"迎龙珠灯"活动，其最大的意义就是祈求上天让自己的香火继续传承下去，将"孝"文化传承下去。

龙和狮在中国传统文化中代表着权贵和吉祥，客家非物质文化遗产中的大埔花环龙、丰顺埔寨舞火龙、石正龙舞、青溪狮仔灯都是在中原龙文化、舞狮文化的基础上，结合当地文化实际演变而成的客家体育非物质文

化。在汉族传统的春节、元宵节活动中，人们用舞鲤来迎新岁、贺新春、闹元宵，对新的一年、新的岁月寄予美好的期望。在梅州大埔，客家人也把鲤鱼视为吉祥、幸福的象征，鲤鱼灯舞借物寓言，借助舞蹈艺术形象思维的比兴手法，通过拟人化的舞蹈动作和语言，反映人们的思想、感情、愿望和理想。此外，蕉岭地区的打莲池和梅江区的席狮舞等丧葬期间的表演活动在梅州地区民间习俗里是不可替代的，是客家传承"孝悌"美德的缩影，也是客家人对中原丧葬文明和孝文化的传承，亦是梅州客家人祈祷健康、传递人与人之间互相关爱、共建和谐的独特表现方式，是客家民俗文化的重要体现。

2. 参与活动的健身性与观赏活动的娱乐性

每逢年节空余时间，梅州客家人便会以舞龙、舞狮等活动的方式来表达佳节的喜庆。客家体育非物质文化遗产中，大埔地区的迎灯活动通常与舞龙活动紧密结合。舞龙、舞狮对表演者的身体素质要求较高，如果表演者没有较大的力气，则根本无法将龙和狮的精髓和气势表现出来。参加舞龙、舞狮表演能够充分锻炼人们的手、臂、腿等部位的肌肉，具有很强的健身效果。而且其要求在短时间内完成很多高难度的动作，对于表演者的力量、耐力、灵敏性和协调性等均要求较高。因此，每当要进行迎灯活动时，参加迎灯表演的队员都要提前进行为期一个月左右的集训，平时没有表演的时候，每个月也要进行一次简单的训练。表演时表演者们都以饱满的精神面貌和矫健的身躯出现在人们面前，结合高难度的动作使得表演更具气势，再加上热闹喜庆的气氛，使参与者与观赏者均产生身心愉悦之感。

大埔县百侯镇侯北村的迎龙珠灯活动虽然是庄严肃穆的祭祀活动，但也包含了舞龙等一些娱乐性、观赏性较强的活动。丰顺埔寨火龙也是一项"视""听""触""感"等多种意境交融为一体的节庆活动，具有非常强的娱乐性和观赏性。大埔茶阳镇的花环龙作为元宵期间的一种集健身、娱乐、艺术、欣赏为一体的民间娱乐活动，具有强烈的吉祥、喜庆色彩和渲染气氛的效果，体现着客家体育文化的丰富性。每逢举行这些活动时，各村的人都会集中在一起，看着满天的烟花、翩翩起舞的龙舞，伴随着欢快的锣鼓声、鞭炮声，人们载歌载舞，一片欢声笑语，相互之间说着祝福对方来年顺利的吉语，到处充满喜悦的气氛，小镇的人们尽情地享受着客家特色文化娱乐盛宴。

五华县的下坝迎灯活动是一种集表演、歌舞、趣味为一体的娱乐活动，人们常常通过开展民俗体育活动、游走于大街小巷等形式来欢庆节日，自由自在地与人沟通，尽情地表现出自己洒脱的精神境界、亲切融洽的人际态度，表达悠然自得的幸福理念。蕉岭县广福镇石峰村、乐干村都有自己的船灯舞队，他们自发编写歌词，利用农闲时节在村里自发排演节目，以船灯舞的独特表演方式，表演群众喜闻乐见的节目，反映百姓丰衣足食的生活现状，宣传党的惠民政策，展现出农村群众不一样的精神风貌。平远县的落地花鼓表演从船上移落到陆地上进行独立表演，扩大了表演空间，而且经过民间艺人改革创新，增加了一个角色，即由旦、丑两人增加到生、旦、丑三人，表演内容大部分是由故事演变而来，表演生动活泼、诙谐有趣。落地花鼓的表演有唱、说、舞，边念边做，歌舞结合，滑稽幽默，使人喜悦欢快。每逢春节、元宵、端午等传统节日，以及在丰收季节，当地村民或族人都会通过表演落地花鼓来表达内心的喜悦和对美好生活的向往。

3. 潜移默化的教育性与和而不同的竞争性

客家体育非物质文化遗产中蕴含着是非观、审美观、伦理观、道德观等多种具有教育意义的元素。比如，大埔的迎龙珠灯活动中的舞兰陵双龙环节展现的是龙的勇猛、和谐、坚毅的本性；游街活动环节体现的是人与人之间相互合作、相互信任的良好品质；接灯迎火环节弘扬的是客家人孝道为先的优秀品质。在举行活动前，许多宗族前辈会亲自指导年轻人打鼓、敲锣、舞龙、舞狮的技巧，以及花车的装饰和编织彩灯的手艺等，通过言传身教将这种传统文化传承下来，年轻一辈在潜移默化中接受着本族文化的教育和熏陶。迎灯活动是一个家族庆祝新"丁"（生男孩）的仪式，家族各房子孙欢聚一堂，增进了家族的交流和团结，教育子孙后代团结一心、弘扬祖德。客家体育非物质文化遗产的迎灯活动不单是一种庆新祭祀活动，还有教育下一代尊敬祖先、刻苦读书、吃苦耐劳的深刻寓意。

"和而不同"是中国传统儒家思想的体现，是现今人类共同生存的基本条件和基本法则，是构建和谐社会和多元世界的思想基础。客家体育非物质文化遗产也体现出了和而不同的竞争性。例如，客家迎灯活动在大埔

县内就有较出名的"茶阳饶姓迎灯""大麻恭州迎灯""湖寮古城迎灯""光德富岭迎灯"等，在祭祀时，大埔县内各地方宗族之间都会主动比较哪个地方的宗族人丁更兴旺、场面更宏大、节目更精彩。为此，各宗族都会早早开始准备本族迎灯的各项事宜，以求得到观赏人群的更多赞赏。此外，在大埔的百侯镇有侯北和侯南两个大村，侯北村都是萧氏后人，侯南村基本是杨氏后人。因为两个村子相距很近，所以经常会相互竞争。假如侯南村中了一位进士，杀了一头猪庆祝，而侯北村同时也中了一位进士，则要杀一头猪和一只鸡来庆祝。如此一来，迎灯这种大型祭祀活动就成了两村村民相互竞争的焦点。而且村民们认为把迎灯这个盛事做得越好，来年日子会过得更好，人丁也会更兴旺。

4. 特色鲜明的家族性与活动开展的节庆性

迎灯活动在大埔县非常广泛，基本每个镇每个村每个姓氏都有。比如有名的有"双坑迎灯""湖寮罗氏迎灯""侯南杨氏迎灯"等，而且都是在正月期间举行的，平时没有表演活动。"迎龙珠灯"活动是迎灯活动的一种，是由萧氏后人在正月十五当晚举行，由此可以看出"迎龙珠灯"活动具有一定的家族性与节庆性。大埔的迎灯活动主要在正月初九至正月二十期间举行，各地或者不同姓氏会选择不同的日子，如茶阳饶姓就在正月十三举行，而光德富岭则是在正月初九举行。可见，大埔迎灯活动的举行时间和正月十五元宵节紧密相连，所以大埔迎灯活动具有典型的节庆性。迎灯活动是民间的活动，活动期间各家各户不分贫穷、不分老幼，全民都可以加入这个欢乐的活动中，获取一份属于自己的快乐。迎灯活动是有组织的，如茶阳的饶姓是以邻里、小自然村、街道为小单位参加迎灯，并且各小单位都有"福头"（指小单位的代表）组织活动，"福头"由各家各户轮流担任。

蕉岭广福当地群众每逢春节、元宵、端午、中秋节以及喜庆丰收之时会展演船灯，以此来表达喜悦之情。他们用舞蹈动作表现出"闹花灯""怡情""拉船""花鼓"等细节，在舞蹈中加入划船、出水、入水、旋船、汇船、拉船、跳船等动作，船内演员与操船者密切配合，模拟船在水中的情形，惟妙惟肖，栩栩如生。

五华下坝迎灯活动都是在元宵节举行，除了纪念周瑄公的丰功伟绩外，还有一个目的是庆祝元宵盛会。下坝迎灯已传承几百年，虽然内容上不断变化，但活动时间始终没有改变。五华华城、新桥等地的竹马舞表演主要集中在元宵、中秋等节日期间开展。平远县的落地花鼓自福建武平传入以来，通常在丰收季节和传统喜庆节日举行，人们自发组织，就地表演，用这种方式表达心中的喜悦以及对美好生活的向往。

5. 鲜明的地方特色与客家传统文化的代表性

客家人是一个具有显著特征的汉族分支族群，是汉族在世界范围内广泛分布、影响深远的重要民系之一。客家族群在历史演变中创造了众多特色民俗文化，如烧火龙、迎灯、客家山歌、客家拳等，这些民俗文化越来越受到人们的关注和喜爱。船灯舞自清朝时从福建闽西传入，主要流传于蕉岭广福的石峰村、乐干村，平远的差干村、泗水村等地区。船灯的客家山歌源自民间小调和十番乐，流传至今且较常演出的有 20 多首，包括《渔家乐》《凤阳花鼓》《十杯酒》等。船灯舞的文化原型是渔民送顺治帝北渡汀江时战风雨、搏激流艰难摆渡的情形，其艺术特征是船与灯的精致结合、歌与舞的独特统一，极具客家山歌特色。

平远落地花鼓是客家最具代表性的民间曲艺之一，也是客家文化在曲艺方面的集中体现。从福建武平传入以来，主要以"口传相授"的方式传承。落地花鼓极具即兴表演特色，民间艺人为了生存，每到一个地方随即编排创作歌词，曲调音乐和伴奏根据当地的特点稍作改动，然后就地表演，深受人们喜欢。落地花鼓的唱词中有古典文人诗作，也有民间歌谣，包括哲人箴言、先知告诫、民间故事、地方传说等。客家民系历史上的南迁，使敦厚的中原文化和客家文化相互融合，其音乐文化基因也因此复杂多样，不仅有凤阳花鼓特性，也有汉调音乐的风格，更有客家山歌的风趣。落地花鼓在音乐曲调方面增加了梆子腔、汉调音乐、客家山歌和凤阳花鼓调。此外，它的表演形式除边念边做外，还有说有唱有舞，增强了戏曲元素和客家山歌的表演效果。落地花鼓的表演是以完整故事或者其他完整的题材为内容而进行的改编，具有集表演性和技艺性于一体的独立表演特色，人物角色的性格特点鲜明、结构相对规范、动作各异，同时结合客家山歌的风趣，表演轻松欢快，滑稽幽默，使人们身心愉悦。

第二章 梅州客家体育非物质文化遗产的类别

第一节 舞龙类体育非物质文化遗产

龙是中华大地最为神圣与吉祥的象征，龙舞，又称"舞龙""舞龙灯""耍龙""打龙灯"，作为中华民族最古老的文化艺术，是汉族民间最传统的文化艺术，是客家人在重大节日里的一项重要民间文艺体育活动。舞龙的用意主要有：一为祈雨祈福，二为娱神娱己，三为彰显力量，四为兴旺人丁。舞龙是各地客家人庆祝春节、元宵节的一项重要节庆活动。有用竹篾扎成龙头、龙身各节以及龙尾，上面糊纸，用彩色涂料画成龙的形象的分节龙灯，也有用彩色绸布相连的布龙和按颜色命名的青龙、黄龙，还有规模浩大、气势雄伟的游大龙等，形式多样，丰富多彩。客家谣谚有正月"十一十二龙灯到"，舞龙灯是客家人春节重要的娱乐活动，元宵节前后更是舞龙灯活动最为集中的时间段。

一、平远县的龙舞

客家人爱龙、敬龙、崇拜龙，客家人在特定的生存环境下凭借其聪明才智和勤劳朴实的性格，创造和形成了客家传统舞龙文化。在平远县有许多关于龙的特色民俗活动。根据《平远文物志》的记载，流传于平远地区的舞龙有三种形式：布龙、脱节龙和香火龙。其中以香火缭绕的香火龙最具观赏性，广受平远县当地民众的喜爱。现今，平远龙舞主要有石正龙舞和仁居香火龙舞两种，且分别于 2009 年和 2011 年被列入梅州市级第二批和第三批非物质文化遗产保护名录。

（一）石正龙舞

龙文化作为中华民族文化遗产中的活态文化，其以独特的文化意蕴，贯穿于中华民族的历史发展长河中。龙是中华民族的始祖图腾，象征着勇敢、奋进、坚毅、拼搏。在平远县石正人的心目中，龙有着神圣崇高的地位，这源于一个古老的传说。

1. 历史渊源

相传南宋末年，石正西湖村凌姓的始祖凌吉，为避元乱举家南迁，到江西过江时，突然风浪大作，眼看就要被卷入江底，万分危急之时，两个艄公划着两条小船把他们带到了对岸。上岸后，凌吉想对这两个艄公表达感激之情，却已找不到他们的踪影，只看到对面的森林隐隐约约有两条像龙形的东西，他们这才明白，原来是龙王化身前来保护他们。

从那时起，南迁的凌姓客家人便更加崇拜龙了，每年到凌吉遇救的日子都要酬谢龙王。形式也从开始的龙舟酬神发展到后来的打龙灯。龙舟酬神是将扎好的龙舟放到江里，顺江而下，一路鼓乐齐鸣，欢送龙舟。龙舟的本意是参神谒祖，以表达石正人的虔诚之心，但观赏性不强。后来慢慢有了龙灯，打龙灯即舞龙，但那时还没有"舞龙"一说，都习惯叫"打龙灯"，龙灯虽比较简单，但不影响大家对它的热情。每当逢年过节，西湖村的年轻小伙子便齐聚一堂，敲锣打鼓，以打龙灯的形式与村民们一起共度佳节。

直至清朝末年，龙灯才得以改进。光绪二十五年（1899），凌姓七房的"新知学校"被一场大雨所冲毁。危难关头，同族凌姓兄弟慷慨解囊，帮助七房修复"新知学校"。为表答谢，七房凌雁源制作了一条长11米的"七节龙"（七节代表七房，11米代表肃公所生的11个儿子），并组织青年壮士排练龙灯，到同族各房进行表演。此后，每逢春节初一到十五，凌姓七房就会舞"七节龙"到凌姓各房拜年，这一习俗一直保留到现在。

2. 龙的制作

龙的形象大体如《尔雅·翼》中所讲，角似鹿，头似骆，眼似兔，颈似蛇，腰似蚕，鳞似鱼，爪似鹰，掌似虎，耳似牛。龙有九节也有七节，龙头、龙尾和龙腹均用竹篾编织而成。龙头用轻型材料装饰，龙角要对称，做工方面要保持龙头的凶恶，形象上保持龙的凶猛，龙头重二十斤左

011

右；龙身则是先用竹篾编成椭圆形的竹笼，然后披上龙布（棉布），画上龙鳞片，颜色以金色为主，节数比较多，要显出婆娑的造型。除龙外，还需准备红鲤鱼灯一对，龙珠一只，大旗一面。

图 2 - 1　龙的制作①

图 2 - 2　石正龙舞效果图

————————————

① 石正龙舞的相关图片均由平远县文化馆提供。

3. 活动内容

（1）表演形式：

石正西湖村"七节龙"的表演，由十个人上场，其中两人各持一条红鲤鱼，一人持龙珠，七人负责舞龙，场后还有两人专门负责舞龙头与舞龙尾的轮换。整个表演程序为："开门见礼"，因"鲤"与"礼"谐音，所以便由两条红鲤鱼最先出场，表示年年有余；"珠带龙"，金龙跟随龙珠起起伏伏；"叩四门"，龙朝东西南北四个方向叩拜；"珠戏龙"，这段表演氛围最轻松，持龙珠的人配合锣鼓节奏忽快忽慢、忽隐忽现地用龙珠戏耍着龙；紧接着是"串花子""龙出水""龙盘柱"，最后"收场还礼"结束。金龙追逐龙珠，时而戏水嬉耍，时而勇猛奋进，时而柔静盘曲。

（2）表演内容：

石正的龙，又叫抢珠龙。龙珠带着龙，龙头去抢龙珠是动作的要点。抢珠龙取意于一则童话故事：龙王的龙子龙孙们长大了，不再满足于龙宫里的生活，想跳出龙门游向广阔的大海，寻找属于他们的天地，追逐他们的理想。但龙王不放心，未答应子孙们的要求。有一次，龙王和子孙们在嬉戏时吐出了他的至宝"龙珠"，一个聪明的龙孙抢下龙珠藏了起来，于是上演了一出龙孙藏珠戏龙、龙王寻珠夺宝的戏码。在这一游戏中，龙王看到子孙们确已长大，完全具备了畅游大海的本领，便默认了他们的请求，龙子龙孙们欢乐地跳出龙门游向大海……

（3）表演特点：

石正逢年过节都会舞起"七节龙"，石正龙舞的特点是先游行，由两条红鲤鱼领路，"七节龙"紧跟着龙珠，边行边舞，舞到人家门前就暂时停下来，龙头频点向主人拜年祝福，然后再上下翻腾，左盘右旋。这时，主人必须鸣放鞭炮以示欢迎，并有所答谢：红包或糖果香烟等。然后才在长街广场、村头湾边等开阔平坦的地方进行舞龙表演。

（4）伴奏音乐：

舞"七节龙"的表演，节奏主要是靠锣鼓指挥，一般使用大鼓、锰锣、钹、铛、七星盘等打击乐器，节奏明快，气氛热烈。

图 2 - 3 石正龙舞准备表演

图 2 - 4 石正龙舞参加 2017 平远民俗文化节

图2-5　石正龙舞表演

图2-6　石正龙舞参加平远县民间文艺汇演

　　图2-3至图2-6为石正龙舞表演前后，其特点为：一演员手持一面写着"石正舞龙"字样的大旗；后面是两个演员手持龙珠；全体演员都身着黄色带红边的服装，即英雄巾、红腰带、灯笼裤。

4. 传承与发展

石正龙舞至今已有上千年的历史，以校园传承和社会传承为主。第五代传承人凌雷，年近60岁，是石正中学的一名物理老师。凌雷家里世代舞龙，他18岁时开始跟随父亲学习舞龙，至今已舞了40余年。据凌雷老师讲述，舞龙需要的人员比较多，以男丁为主，参与的人必须是文化人，清末时便是以私塾里的学生为主。那时凌姓十一世祖建了两间私塾，学生较多，年节的时候，私塾的老师便会组织学生舞龙，作为一项体育运动，通过该活动还可以募集办学的经费。

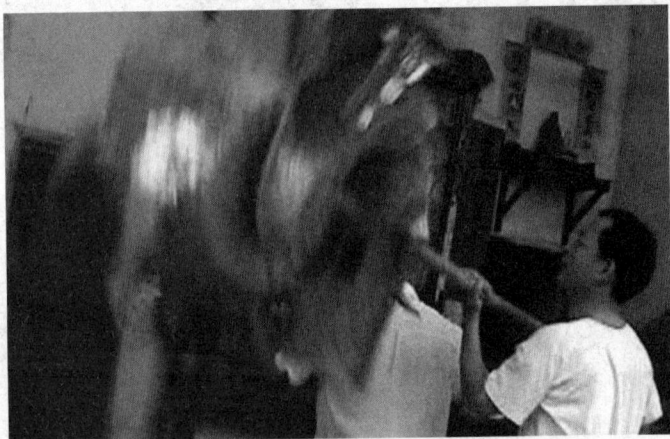

图2-7　传承人凌雷在跟随父亲学习舞龙

图2-8　舞龙深受当地群众的喜爱

石正龙舞最早是石正人过年时参神谒祖的一个节目，以此表达对神灵及祖先的尊敬，后来逐渐发展为庆祝节日表达欢乐之情的活动。石正龙舞最盛行的几段时间分别是抗日战争胜利时期、解放时期以及庆祝中华人民共和国成立十周年时期，使龙舞所到之处，人山人海，热闹非常。但是，"文革"十年动荡的波及以及现代快餐文化的影响，舞龙活动一度萧条，淡出了大众的视线，老一代的传承人也相继离世。改革开放后，村里的年轻人都争先恐后地外出打工、做生意，舞龙的传承人出现了青黄不接的现象。2011年平远龙舞被列入梅州市第三批市级非物质文化遗产目录。凌育希、凌雷在2012年8月被平远县人民政府确定为县级非物质文化遗产"龙舞"的传承人。近年来，为将石正龙舞传承下去，凌雷老师在石正中学挑选了一批朝气蓬勃的学生，将舞龙的全套动作悉数传授给他们。同时，为了适应现代人挑剔的眼光，凌雷老师还将舞龙动作作了新的改编，既继承了舞龙的精华部分——舞，将全套动作简化成游龙、戏龙抢珠、穿龙、盘龙四个过程，又适当添加了舞台布景。凌雷老师认为整条龙最关键的是龙珠、龙头，其次是龙尾。龙头要生猛，所以舞龙头的人力气要大，这样龙看起来才凶猛；龙尾要跑、摆，给人活灵活现的感觉；龙珠要有灵气，逗龙珠的就要像杂技里面的杂耍一样，这需要几年甚至几十年的练习才能达到一定效果。

2015年6月12日晚，平远县非物质文化遗产展演在五华县人民广场举行，龙舞作为石正镇的传统节目参加了演出。舞台上，学生们头扎英雄巾，腰缠红腰带，下身穿着灯笼裤，只见金龙追逐龙珠，一会儿飞腾跳跃入云端，一会儿入海破浪，配合着鼓点的节奏，张牙舞爪、气势夺人。金龙、龙珠、锣鼓三位一体，相得益彰。现场观众屏息凝神，目光紧紧跟随着龙头，生怕漏掉某一个精彩的环节。凌雷老师带着他的学生们还参加了平远县里的多场演出，石正龙舞以全新的姿态再次回归大众的视野。

（二）仁居香火龙

1. 历史渊源

香火龙是客家人原创性的舞龙民俗，关于香火龙的起源有多种传说。

一种说法是源于军事，后过渡到辟邪、纪念先人功德，再发展成为元宵佳节不可缺少的一项重要民间民俗活动。相传在唐宝应年间，吐蕃朱泚谋反，唐代宗封急先锋李晟为征西大将军，令其择吉日征剿叛乱。吐蕃地区土地荒凉，人烟稀少。一天夜里，军队行至江边，黑夜里的江水声、风声混杂在一起，听似鬼哭狼嚎，士兵胆怯，导致军队停滞不前。李晟为鼓舞士气，命人用稻草扎成火龙，插上香枝。鸣锣开道，火龙紧随其后。李晟的大队人马犹如千条火龙，浩浩荡荡，士气大振。朱泚的军队以为千军万马来袭，急急退兵。李晟不战而胜，被封为平西王，李晟的儿子被任命为江西监察史，并举家迁入江西。李晟后人为纪念先人功德，每逢春节、元宵节便舞香火龙庆祝。后来，李家后人迁入梅州地区，平远仁居香火龙便由此而来。

另一种传说是在 400 年前，粤东地区瘟疫流行，为驱除瘟神，村民们把燃香扎在稻草龙上舞之除恶避邪，谓之香火龙。龙意味着吉祥，火昭示着兴旺，香火龙充分表现出人们祈盼生活安康、兴旺昌盛的美好愿望，后渐渐在平远仁居、大拓、石正等地流传开来。

香火龙由龙头、龙身、龙尾组成，造型与传说中的龙一样，因为龙身被密密地插着点燃的香火，在夜晚挥舞时，密集的红色香火光在龙身上闪烁，故名"香火龙"。香火龙舞动时，可见星星点点的火光舞动，火龙上下翻腾，姿态万千，犹如一条活灵活现的火龙在腾云驾雾。香火龙表演的突出特点是舞龙始终在"火"中进行，舞龙者灵动敏捷，龙身火光四射，变化多端，蔚为壮观。

2. 龙的制作

香火龙的制作相对比较简单，主要是用竹子或木棒编成龙骨架，用稻草包扎在龙骨的竹篾架上，并插上条香而成。现今，香火龙由 5~12 节组成（每节长约 1 米、直径 30~40 厘米、重约 5 千克），节与节之间用稻秆编织而成的粗绳连接成一体。

图2-9　老艺人在制作仁居香火龙①

图2-10　传统香火龙龙身外部

3. 活动内容

（1）表演形式：

据《平远文物志》记载，香火龙最少分5节，最多12节，每节一人持舞，舞前点燃香火。演出前，龙头龙尾全部插上香火，每节都有字，最

————————

① 图2-9至图2-14由平远县文化馆提供。

后组成"五谷丰登""天下太平"等字样。

（2）表演内容：

主要在元宵节晚间表演，表演时先游行到各家各户参拜，参拜时由一人持三角旗带路，上面写着"某某香火龙队"，后面紧跟香火龙，香火龙龙头最先出场，持龙身者紧跟龙头出场，龙身一节一人均由青壮年男子挥舞，伴着锣、鼓、钹等敲击乐器的演奏。香火龙的鼓点与布龙大致相同，以斗锣为主，香火龙组字时加小鼓，节奏明快，气氛热烈。与其他客家地区的香火龙不同的是，平远的香火龙没有专人舞龙珠，它把龙珠藏在龙头里面，边行边舞，舞到人家门前就停下来，龙头频频点头向主人拜年祝福，然后再上下翻腾，左盘右旋，主人给予红包以表示答谢，舞龙者通常选择人口比较集中或有神位的场地表演。

舞龙是一项体力与智力相结合的运动，舞龙者不但要舞出龙的神韵，还要舞出龙的气势和精神状态，因此要求龙头、龙尾和各节龙身之间要配合默契。由于舞龙的技巧性较强，表演者必须进行长时间的演练、磨合才能做到"眼观六路、耳听八方"，真正把龙舞得跃动翻腾、蜿蜒游动、浑然一体。舞龙头和龙尾的人是关键，通常由灵活性、柔韧性和耐力均较好的精悍男子来担当舞龙头和龙尾的重任。

因为香火龙在夜间表演，所以看不见舞龙者，偶尔能听到舞龙者齐声高喊"嗬嗨、翻江！""嗬嗨，倒海！"等激昂雄壮的口号。舞龙者挥舞着香火龙左腾右挪，上奔下窜，健步如飞，穿梭游弋……但见红彤彤的火龙在空中盘旋飞舞，时而飞向屋檐，时而掠过地面，在香火缭绕中宛若真龙。香火龙表演的高潮是表演者组成"五谷丰登""天下太平"等字样的时候。舞龙表演结束后，舞龙者们在锣鼓喧天和鞭炮声中，恭恭敬敬地将草龙送到江河溪潭之中回龙，以祈求一方风调雨顺。

（3）服装道具：

道具：龙珠一只，三角旗一面。

服装：英雄巾、红腰带、灯笼裤。

（4）伴奏音乐：

以锣鼓为主，辅以燃放鞭炮。

图2-11　传统的香火龙表演之一

图2-12　传统的香火龙表演之二

图 2 - 13　改进后的平远仁居香火龙表演之一

图 2 - 14　改进后的平远仁居香火龙表演之二

平远仁居的香火龙制作精细，于晚间舞动，舞动时香火萦绕，火龙飞腾，甚是壮观。

4. 传承与发展

香火龙因其美好的寓意以及百姓喜闻乐见的表演形式，在平远慢慢形成一种独特的民俗活动，每年的正月十三至十六日，村里的青壮年便自发组织舞香火龙活动，以祈盼年年吉祥、幸福安康。中华人民共和国成立初期，经平远县文化工作者和民间艺人的不断挖掘整理，香火龙遂成为歌颂美好生活、强身健体的民间文艺形式，表达中华人民共和国成立后的喜悦心情，歌颂人民领袖和社会主义新事物。后来这一民间艺术形式一度失传，在民间销声匿迹。

直至 20 世纪 90 年代末期，经平远县文化部门重新挖掘、整理，才使这一民间艺术奇葩重现她的艺术魅力，但传承人却出现了断层现象。2009 年 3 月，平远的香火龙被列入梅州市第二批市级非物质文化遗产名录。曾善仁、黎传礼在 2012 年 8 月被平远县人民政府确定为县级非物质文化遗产"仁居香火龙"的传承人。曾善仁，现年 85 岁，退休教师，是香火龙的第六代传承人，1936 年通过师徒相传的方式学习舞香火龙，师傅是李姓后人李树华；黎传礼，57 岁，现任仁居镇仁居村支部书记，1985 年开始跟随曾善仁学习舞龙，是香火龙的第七代传承人。多年以来，两人一直致力于香火龙的传承和发展工作，在学校大力组织相关活动，以更好地将香火龙继承发扬下去。2007 年他们组织了仁居香火龙队，在"仁居百姓闹元宵"演出中大放异彩。而后，又在仁居小学成立了小小香火龙队，节目《龙腾盛世》在 2008 年平远县小学生文艺汇演中一举夺魁。2013 年 8 月组织仁居中学学生成立擎香火龙，参加仁居大型民俗"祭江"的游行活动。

香火龙是优秀的中华民俗传统文化，它继承了中华民族传统文化艺术的精华。优秀的中原文化艺术、人情风俗与客家当地的风情文化不断交融，形成了一支以中原文化艺术元素为基础的具有独特民族文化心理、审美标准的艺术形式，不仅充满了浓厚的客家乡土气息，表达了客家人勤劳、勇敢、淳朴、善良的本质，还充分体现了客家人团结奋进、不屈不挠的精神风貌和对美好生活的追求，是客家人喜闻乐见、代代流传的民间传统艺术形式之一。

二、大埔县的舞龙

（一）大埔花环龙

花环龙是大埔县北部地区的一种民间龙舞，中华人民共和国成立前仅流传于青溪镇的桃林村和茶阳镇的下马湖村。花环龙龙身由无数缀满各色布条的篾圈连接而成，柔软灵活，能在平地舞，亦能腾飞直上在高架桥上猛舞，刚柔并济，潇洒飘逸。1989 年梅州客家联谊会期间，大埔花环龙在梅城体育场演出，受到国内外乡贤的赞誉。

1. 历史渊源

清康熙年间，居住在茶阳城的饶姓居民"光禄大夫"房下第十六世祖兆源公，到六千米外的山区下马湖耕山种田，并定居下来。后形成村落——下马湖村。到了十八世，出于春节、元宵节回城祭祖的需要，晚晴秀才饶君模仿龙的图案，用竹、纸编扎成龙状，组织村民在村内外舞龙。此后每年的春节、元宵节期间，村民们便把龙取出来翻新，带回城里的饶姓宗祠祭祖、赏灯，以舞龙庆贺新春。就这样年复一年，代代传承至今，已有两百多年的历史。20 世纪 80 年代初，大埔县文化局文化馆的舞蹈辅导干部张广哲组织民间艺人饶金昌等一批舞龙骨干及茶阳镇文化站干部，对下马湖村"软腰龙"的制作、舞技、舞法以及伴奏音乐进行了一系列的改革和创新，并正式取名为"花环龙"。

花环龙在粤东北大埔县茶阳镇具有悠久的流传历史，是大埔县优秀的民间艺术，也是大埔县乃至全省知名的文化品牌之一。20 世纪 90 年代末，茶阳镇被广东省文化厅和中华人民共和国国家文化部社会文化图书馆司分别命名为"中国民间艺术之乡""中国花环龙之乡"（见图 2-15），2007年又分别被列入省、市、县非物质文化遗产保护名录。

图 2 - 15　中国花环龙之乡——茶阳（笔者摄）

图 2 - 16　大埔花环龙后继人才培训基地（笔者摄）

2. 花环龙制作

下马湖村村民为祭祀宗祠，自发组织舞龙活动。所舞的龙用竹扎纸糊成龙状，龙头内插上蜡烛，在村内外游行。每年的春节和元宵，村民们都要举行舞龙活动。花环龙制作独特，龙头的装饰甚为讲究，要突出龙的眼睛和张开的口舌，使之形态逼真，光彩夺目，显得威武雄壮。花环龙有

青、红、黄三种颜色，青溪镇为青龙、下马湖村为红龙、洋陶镇为黄龙，这与中原地区较少舞"红龙""黄龙"的舞龙传统存在一定的地域差异。

图2-17 花环龙龙头外观（笔者摄）

图2-18 花环龙龙身内部（笔者摄）

龙身部分由一节节用篾编扎成圆筒状和一段段用彩色纤维带编扎的竹圈组成。筒状龙身为固定部分，上蒙有白布，涂上龙鳞油彩，每节龙身安有把手；竹圈为活动部分，每段有10个竹圈，每个竹圈扎上密密的彩色纤维带，用布带串接。整条龙身可长可短，节数不等，但一般为9~15节，颜色有青、红、黄三种，一人掌握一节，动作紧密协调，身随龙头顺转，尾随身摆，以大锣鼓伴奏增添龙威。

图2-19 花环龙龙身外部（笔者摄）

图 2 - 20　花环龙表演（大埔县文化馆提供）

3. 活动内容

花环龙的"龙服"分为红色、青色和黄色，红服配红色龙，青服配青色龙，黄服配黄色龙，并配以黑色布鞋。"龙服"采用客家人传统服饰制作，"龙服"上印有龙的图案，象征平安、吉祥。由于舞龙消耗体力，经常出汗，影响舞动效果，故现今"龙服"由传统的长袖服改为短袖服。花环龙舞的艺术风格主要是舞得优美、飘逸、洒脱，长于向纵、空施展，不拘场地大小、地势高低，既可在大场地上舞也可在小舞台上舞，还可以骑在高墙或站在虹桥上往下舞耍，具有浓郁的高山舞风格。花环龙的舞法有站、跪、坐、骑，可单独舞，也可双龙或多龙舞。舞时，另有一人持彩珠戏龙作舞。主要套路有"双龙抢珠""双龙戏珠""卧龙圆场""盘龙""穿花"等。舞到高潮时，整条龙抢成一连串的圆圈，宛如几个美丽的大花环在不停地滚动。如今大埔茶阳镇的花环龙活动蓬勃发展，花环龙已成为大埔重大庆典活动中最受群众欢迎的文艺表演节目之一。

图 2-21　花环龙龙身浑圆丰满、美观鲜艳（来源于大埔县人民政府网）

028

图 2-22　大埔县 2015 年元宵文艺晚会之花环龙表演（大埔县文化馆提供）

4. 传承与发展

茶阳的花环龙多次参加省、市、县的大型文艺表演活动，1994 年参加在梅州举行的第 12 届世界客属恳亲大会广场文艺表演和文艺大巡游，荣获一等奖；1999 年 12 月参加在广州举行的"同奔五彩路"广东省庆祝澳门回归大型文艺演出，荣获优秀演出奖；2005 年 9 月参加广东省首届旅游文化节暨岭南民间艺术展演，荣获银奖。2007 年 10 月，茶阳少年男子花环龙队参加梅州市文化旅游节广场文艺表演和文艺大巡游，荣获二等奖。2010 年 12 月，茶阳女子花环龙队参加了第四届中国（梅州）国际客家山歌文化节开幕式——非物质文化遗产项目展演。2011 年 7 月，茶阳的花环龙参加"首届广东社区文化节'岭南风情'全省农民文艺大汇演"，荣获金奖。2012 年 6 月，茶阳的花环龙参加 2012 年广东龙舞网上大汇演——"龙舞盛世"，获"金龙奖"。2014 年参加"2014 全国舞龙展演活动"获得银奖。2016 年 12 月，大埔花环龙作为梅州市唯一的队伍参加第十届中国民间艺术节暨第四届岭南民俗文化节展演活动，获得观众一致好评。

1999 年，茶阳镇被广东省文化厅命名为"广东省民族民间艺术之乡——花环龙之乡"；2000 年，茶阳镇又被国家文化部命名为"中国民间艺术之乡——花环龙之乡"；2007 年，花环龙先后被大埔县、梅州市（第一批）、广东省（第二批）人民政府列入非物质文化遗产保护名录。2015 年，大埔县茶阳镇被广东省文化厅命名为"广东省民间文化艺术之乡——花环龙之乡"。现今，花环龙传人仅有饶武昌 1 人，他已年过六旬，主要负责花环龙的制作、套路编排和训练等工作。花环龙的传承已经打破了族内传承的界限，现有的两个花环龙弟子都是外姓弟子，但收徒拜师和家族传承仍是花环龙传承的重要方式。此外，为了传承花环龙，饶武昌每年都会在华侨中学组织学生利用课余时间进行训练，训练时间为 2～3 个月。现在已有 1 000 多名学生参加过花环龙的训练活动。

（二）青溪黑蛟灯

乌龙又称黑蛟。黑蛟灯舞又称"乌龙过江"舞，流传于大埔北部汀江河畔的青溪镇铲坑、横江两个村庄。

1. 历史渊源

舞黑蛟的来历，据说相传于汉代的求雨习俗：春舞青龙，夏舞赤龙，秋舞白龙，冬舞黑龙。大埔青溪镇舞黑蛟的习俗，是为了纪念祖先，传扬先辈创业有如"乌龙过江"那样的气概和精神。相传 500 年前，位于大埔县青溪镇境内汀江西岸的铲坑村一带还是一片未经开发的原始森林，瘴气弥漫，虎狼出没，是一处蛮荒之地。此时位于铲坑村对岸的虎头沙村的南迁客家人经过几代聚集、繁衍，人口渐多，生产、生活资源逐渐不能满足需求，盼望能

开发江对岸的蛮荒之地，但惧于瘟瘴和虎狼之威，迟迟不敢行动。后来，有江姓叔侄从福建来到这里，江姓叔侄鼓起勇气，毅然渡江，搭寮居住，斩棘垦荒。一天，江姓叔父惨被恶虎咬死，躲过一劫的侄子只捡得其叔一条毛辫，逃回虎头沙村中。此后，村民只好放弃开发新家园的打算。潜居虎头沙村后的矮子岽山深涧修炼的黑蛟闻知江姓叔侄的悲惨遭遇后，怒火燃起，为了替当地民众谋取幸福，他毅然出涧，横渡汀江，灭瘴气，驱虎狼，替天行道，造福黎民百姓。此后，虎头沙村村民逐渐过江劈荒垦地，形成了铲坑、横江等村落。村民感激黑蛟为民除害的壮举，焚香膜拜，感谢神恩。玉皇大帝闻知此事，嘉其功德，将黑蛟封列为神，敕封黑蛟为龙湖洞福主公王，驻守在今铲坑、横江一带。此后，铲坑、横江村民集资建造龙湖洞公王宫，年年祭祀，香火不绝。为弘扬黑蛟造福于民的功德和"乌龙过江"的英雄气概，也为了纪念江姓叔侄的创业功绩及英雄壮举，铲坑村村民根据古汉族龙灯舞的传承，扎制了黑蛟灯，编成民间舞蹈，于每年龙湖洞福主公王生日祭祀时和春节、元宵节组织进行黑蛟灯表演，从汀江西岸舞过汀江东岸，再舞回西岸，绵绵不断，传承至今。

图 2 - 23　黑蛟灯流传地铲坑村①

---

① 图 2 - 23、图 2 - 25、图 2 - 26、图 2 - 27 由笔者拍摄，其余黑蛟灯的图片由传承人提供。

2. 黑蛟灯的制作

舞黑蛟是大埔县青溪镇独具一格的民间艺术活动，黑蛟灯的制作和舞法不同于一般的龙灯，造型和舞法均具有独特的艺术风格。

图2-24　黑蛟灯龙头框架

图2-25　黑蛟灯龙头

031

其特点之一是巨蛟浑身漆黑，威武雄壮，蛟首伟岸，造型特别。蛟首高1.8米，面宽1.2米，它的鼻、额、嘴似三座小山，头两边长着一对犀利的角，额顶上突起一个高大的犄角，两额各一条后掠锐角，口里含一颗斗大的火珠（灯），鼻孔里点燃两盏明灯，两眼点着明灯，整个蛟首点12~16盏灯（烛火）。特点之二是黑蛟灯由蛟首、蛟身、蛟尾三部分组成，整条蛟长16~20米，从头到尾有19盏灯，光芒四射。灯光从眼睛、鼻孔、嘴巴和周身鳞片间隙中透射出来，熠熠生辉，更显得蛟龙威武雄伟，气势磅礴。舞蛟者都挺胸挥臂，勇武刚健，威风凛凛。特点之三是舞法跟当地的传统武功相结合，不仅能在广场表演，还能擎举蛟灯飞越门墙进入庭院内舞耍，非有强劲武功的人胜任不了。整条蛟起舞时，既有火树银花、流星赶月的风姿，又有呼风唤雨、翻江倒海的气势，充分显示出"武舞"之刚劲优美、纵横雄骛的特色。据了解，黑蛟灯舞在全国是独一无二、极为罕见的传统民间文化。

图 2-26　青溪黑蛟灯的龙身　　　　图 2-27　制作黑蛟灯的蓝奕双（左）

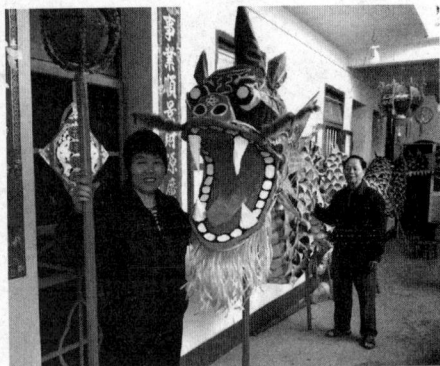

3. 活动内容

2010 年的元宵佳节对青溪镇铲坑村的村民来说是一个难忘的日子，因为该村失传了几十年的独特黑蛟灯舞，又重新出现在了人们的眼前。在大埔县各级、各部门和民间老艺人的共同努力下，通过重新挖掘整理，经过无数次尝试，终于成功做出了黑蛟灯。同时通过加强对黑蛟灯舞人员的训练，形成了一套独特的舞灯动作，为大埔县民间艺术发展再添新意与光彩。这个造型独特、威风凛凛的巨大蛟龙，一个龙头重达五六十斤，需要五六个壮汉共同轮流舞举。每年农历正月十五，在青溪镇铲坑村，村民们用舞蛟龙的方式来庆贺元宵佳节，祈求新的一年风调雨顺、国泰民安（见图 2-28、图 2-29）。

图 2-28　青溪黑蛟灯舞动之一

图 2 - 29　青溪黑蛟灯舞动之二

传统的青溪黑蛟灯表演分为六个小节，依次为：出洞、探路、试水、搏浪、戏珠、盘蛟。首先，在大苏锣由远而近的伴奏下，黑蛟两眼射光，稳健出洞；接着在紧张的锣鼓声中，黑蛟快速俯冲、转身、探首等，完成探路和试水，尽展其威武雄健。随后，在更加雄劲的音乐声中，黑蛟发出"咳、咳、咳"的声音，以示黑蛟英勇拼搏，完成搏浪。而后，在《叠叠令》的伴奏下，蛟龙昂首戏珠、抢珠；最后形成盘蛟造型，与《小团圆》伴奏相得益彰。全场动作流畅，表现出黑蛟的凶猛威风、气势磅礴。

图 2 - 30　夜幕下的黑蛟灯

图 2-31　黑蛟灯参加大埔县 2013 年元宵文艺晚会

4. 传承与发展

据村民介绍，汉代民间求雨，春舞青龙，夏舞赤龙，秋舞白龙，冬舞黑龙，大埔客家之舞黑蛟，既继承了古代的传统，又有独特的由来。黑蛟龙灯舞作为一种独特的传统舞蹈，其舞技舞法与其他龙舞有着明显不同，其刚劲、粗犷、气势磅礴的舞蹈风格，表现出一种不怕困难、勇往直前的"乌龙过江"精神。青溪黑蛟龙灯舞融客家地区的民间音乐、美术、舞蹈和民间信仰于一体，多在春节、元宵期间进行，已成为当地民俗活动的重要内容之一，具有珍贵的历史文化价值。经过几百年的发展和创新，舞黑蛟活动已成为当地的传统风俗，年年龙灯闹元宵，从无间断或改期。传说即使当天或临晚下大雨，但一到龙灯起舞时至接灯前，雨就会停下来，保证黑蛟灯不被淋湿。2011 年 4 月，青溪黑蛟灯被大埔县人民政府列入第二批非物质文化遗产名录；2012 年 6 月，青溪黑蛟龙灯舞参加 2012 年广东龙舞网上大会演——"龙舞盛世"，获"银龙奖"；2012 年 7 月，经大埔县民间舞蹈保护协会组织申报，青溪黑蛟灯被梅州市人民政府列入第四批非物质文化遗产名录；2013 年 11 月，第五批省级非物质文化遗产代表性项目名录出炉，大埔县龙舞（青溪黑蛟龙灯舞）入选扩展项目，成为梅州市 4 项入选传统技艺之一；同年江烈群被公布为青溪黑蛟灯代表性传承人。

三、丰顺埔寨火龙

丰顺县位于广东省东部，梅州市南端，地处莲花山脉中段。埔寨镇位于丰顺县南端，全县有 50 多万人，另有海外侨胞 50 多万人，是广东省著名的"华侨之乡、文化之乡、陶瓷之乡、名茶之乡"。

1. **历史渊源**

烧火龙这一具有浓郁民间风情的客家民俗始于清乾隆六年（1741），距今已有近 300 年历史了。丰顺埔寨一带为莲花山赤岭，古时为客家人集中居住之地。关于烧火龙这一古老民俗文化的艺术传说主要有三个版本。

一传说东海老龙王的第 21 代孙浊龙，被派去管理南粤莲花山的赤岭，老龙王本想借此让他好好反省一下其鲁莽又暴烈的本性。然而，浊龙下到人间，就劣迹全露，为非作歹，欺凌贫弱，鱼肉百姓。群众只得将其行为上告于老龙王。老龙王大为震怒，决定"杀一儆百"，于是命令小女儿清凤佩龙剑奔赴南粤，趁浊龙酒醉之时杀死了他，并将其劈成龙头、龙颈、龙身和龙尾四段。除龙头被带往龙宫向老龙王汇报之外，留下三段化为今天揭西的"龙颈"、埔寨的"龙身"以及揭阳的"龙尾"（揭阳、揭西均为丰顺县邻近地区）。从此，埔寨一带客家民众复归安居乐业的生活。这个传说也就以烧火龙的形式，作为元宵节的一项庆祝活动代代相传。

另一传说与前述传说出入较大。相传古时客家人集中居住于南粤莲花山赤岭一带（即今丰顺埔寨所在），年年旱灾，五谷颗粒无收，百姓生活困苦不堪。眼看元宵节即将到来，一天，东方天空突然流光四溢，半空飞来一条金黄色的火龙，他口吐祥云，当瑞云覆盖整个天空的时候，天空渐渐乌黑起来，霎时大雨滂沱，整整持续了数天。此后，久旱的大地渐次复苏，各种农作物迅速成长，人们喜笑颜开，载歌载舞度过了旱灾后第一个欢乐的元宵节。从此以后，当地风调雨顺，年年丰收。人们笃信这是火龙给他们带来的福祉，在这个信念的驱使下，曾经为衣食犯难的善良的客家民众，每年都在元宵节自发组织模仿火龙下凡、巡游村寨的活动，这就是烧火龙民俗的起源。

再一个传说是，古时候，有一天埔寨乡飞来一条恶龙，兴妖作乱，不停地喷火，致使土地干裂，禾苗枯死，颗粒无收，百姓心急如焚。见此

状，一对年轻夫妻带领乡亲凿山引水。虽然水通了，可是这条恶龙张开血口，喷出烈火，不但将这对年轻夫妻烧死，还烤干了水源。百姓虽痛恨交加，却无计可施。但是这对夫妻的儿子张共决意为父母复仇，为民除害。他不怕艰苦，千里迢迢到峨眉山拜师学艺，终习得法术。三年后回乡，与恶龙苦战三昼夜，恶龙逃进石洞，张共遂引来神火，将恶龙烧死在洞中，而张共也因力竭而身亡。从此以后，埔寨年年风调雨顺，五谷丰登。村民为纪念张共，便于每年元宵节夜晚举行烧火龙仪式，从而渐渐成为一方民俗。

2. 火龙的制作

火龙的制作方法，起初人们是用稻草竹篾扎成龙的躯体，裱上白纸，涂上颜色，制成简单的数米长的龙。接着使用硫黄、白硝、木炭等火药原料制作"土火箭"以及不同表演式样的烟花，如转花、大犁、吐珠等，最后将其装在龙身各处。现在，经过长期的不断改进和民间艺人的悉心设计，龙眼改用能发光的电珠，龙身改用竹篾结扎，内部装有各式各样的烟花、火药，用纸裱面，绘上色彩，使得火龙形神兼备、栩栩如生。火龙不仅具有张嘴、吐珠、躬身、摇尾、喷火等功能，在舞动时还能够自动点燃发射各类烟花火药。此外，现在的火龙已能够加长至30多米，"烟架"也采用木料搭建，由原先的数层发展到十几层，高达十余米，每层叠结成不同的景观，用导火线连接。在环节上，失传60多年的"禹门"（或称龙门），如今亦重新得到发掘与使用。"禹门"内装各式烟花，用导火线连接起来。近几年来艺人队伍不断壮大，制作工艺也进一步提高。因此，烧火龙的民俗变得内容更为丰富、表演更为精致，现场气氛更为热烈而诱人。到了元宵节晚上，外地的观光游客和方圆几十里的群众，都从四面八方拥到丰顺，观看烧火龙这个精彩的表演。真是应了"万民同乐城不夜，银花溢彩景长春"的情景。丰顺埔寨火龙的制作见图2-32至图2-35。

图 2 - 32 火龙涂色①

图 2 - 33 龙烟花的摆放

① 丰顺埔寨火龙的相关图片由丰顺县文化馆提供。

图 2 - 34　分段式龙身

图 2 - 35　火龙的龙头

3. 活动内容

岁岁春节烧火龙，烟花遍地乐融融，一任火焰高百尺，龙腾人欢气势雄。这是对烧火龙的真实写照。火龙的表演形式一般有燃放"禹门""烟架"和"火龙"三个部分，总称为"烧龙"。烧火龙需要夜晚在广场上进行，有火龙队、喜炮队、龙灯队和鼓乐队共100多人配合表演。

元宵之夜，铳炮三声巨响后鼓乐鞭炮齐鸣，几十个年轻人赤膊挥舞竹篾揽火炬率先登场，绕场三周，曰"金龙出洞"。接着，长者从观礼台上点燃一只"老鼠"的导火线，"老鼠"即奔梁点燃"禹门"，曰"老鼠游梁"。接着绚丽多姿的"金鲤跳跃"等胜景便相继出现。"燃禹门"，即鲤鱼跳龙门，这项节目取材于大禹治水的历史故事，人们以此纪念他的功绩。"禹门"高六米，有正门和两个小门，共十米宽，燃放时，门上一排排五光十色的焰火交织在一起；"禹门"下面成群的鲤鱼，在鳌鱼的带领下遨游、戏水、跳跃。

"禹门"余烟未尽，另一只带火"老鼠"又飞向"烟架"首级，逐层点燃不同景物。"烧烟架"，又叫"烧火树"，即把安装好的"烟架"（大约四五丈高）在广场适当的地方竖起，由下向上顺托次燃放。第一托：飞下一条"蜈蚣"，由一位勇士抓住它的头部，并不停地上、下、左、右飞舞，"蜈蚣"则口吐彩珠，形成"蜈蚣吐珠"。第二托：飞降一条"小龙"，亦由一位勇士抓住它的头部，并不停地轻盈飞舞，"小龙"则口吐火花，寓意"小龙落地生，人才辈辈出"。第三托：先飞下一条"大鲤鱼"，接着散下一群"小鲤鱼"，形成"金鲤产子"。第四托：飞落插满烟花的"菊盆"，一边旋转，一边火花四射，宛如盛开的菊花，形成"菊花盛会"。第五托：在火花的映衬下，飞落的"轮船"乘风破浪，无惧前行，形成"舰保海疆"。第六托："对联"，取"喜联庆佳节"的意境。第七托："珠灯"，体现出"珠灯放光辉"的寓意。第八托："花篮串"，一则美观，有艺术感；二则代表年年丰收。第九托"箭担"，寓意步步高升。第十托："大箭桶"，无数火花从高空落下，似"雪花盖顶"。第十一托："大珠盘"，似万箭齐发，流星漫天。远望长空异彩，气势雄壮，人们的欢呼声和鞭炮声融合在火树银花之中。

图 2 - 36　火龙表演之一

图 2 - 37　火龙表演之二

第三项内容是烧火龙的表演过程（见图2-36、图2-37）。20多位壮汉手擎火龙，在绣球的引导下绕场舞动表演，这是一个别开生面的大型火龙烟花表演的压轴节目，火龙在指定的地点出场，前面是锣鼓队、鳌、鲤、虾、绣球，最后是火龙，还有在火龙两边的"火缆队"（火缆：火把的一种，用竹篾编成长长的，像缆绳一样，用时剁成一截一截的），将"火缆"划半圆状。高大的龙头，两只眼珠光芒四射，气势雄壮，犹如天降神龙。起舞前，先燃响鞭炮，以引龙出海。然后一队赤膊祖胸、举着火棍的舞火龙者，随着紧密的锣鼓声在场上快跑，反复三次。舞龙者一边绕场，一边向观礼台及观众点头参拜，表示致敬，此为"请龙"。接着，开始点燃火龙，首先从嘴里吐出火珠，接着全身放出奇丽的光彩，千万道各色各样的火花交织在一起，如同万箭穿云；远远望去，漫天光彩辉煌，天地间浑然一体，火龙在火海中翻腾，气势壮观、惊险奇特、扣人心弦。如此激情飞越的一刻，人们在惊险中体验壮观，在壮观中获得激越。整个活动持续十多分钟，待烟火熄灭，烧火龙活动也就结束了。

041

4. 埔寨火龙的"奇特"

埔寨火龙的"奇特"在于舞龙者上身赤裸的表演形式。正月元宵寒冷的冬夜，舞火龙者身穿短裤，上身赤裸，不惧所舞之龙烟花喷射，令人称奇。这在全国各地的舞龙习俗中，是独一无二的。这是因为，埔寨客家人保留着中原的古词语，把"钱"称为"票"，在埔寨客家话音中，"票"和"泡"同音。擎龙时，火花如若在你的皮肤上烫出了"泡"，那就是"钱"的意思，意味着今年你一定会发大财。特别是擎龙头的就更了不起了，在新的一年，一定会行好运，人们叫"大发龙运"（发大财）。所以人们都急着出钱，出钱最多的才能擎龙头。

表演时，火龙出场，几十名赤膊短裤的彪悍男子各自手擎一竿长7~8米的"纸炮（鞭炮）串"走在前面；一名赤膊短裤大汉手擎满装烟花的"龙珠"引龙；火龙前后左右还簇拥着"鳌鱼""鲤鱼"等"水族世家"，它们身上都布满烟花、火箭，由赤膊短裤的汉子擎着用来为"火龙"助威，所以，凡是火龙经过的大街小巷，每家每户门前都燃放鞭炮来迎送，以感谢火龙带来的吉祥如意。

龙身每一段都由赤膊短裤大汉擎着，由于"火箭"射出时的巨大后坐

力，舞龙很耗体力，擎龙头的人还必须有几位助手。龙头高约 5 米，龙身长约 20 米，色彩斑斓，全身装满"火箭"、烟花、爆竹。烧龙时，"火箭"、烟花、爆竹一起点燃，一时间硝烟弥漫，巨龙有如在云雾中腾空而出，非常壮观。

丰顺埔寨火龙的"奇特"还在于火龙烧而不烂。火龙绕场表演结束后，火药便耗尽，在弥漫的硝烟掩映下，火龙仍保留着高大完整的形象，裱在火龙身上的纸还是完好的，其中奥妙在于老艺人安装火药的技巧。次年元宵再制作火龙时，只需对火龙的骨架做修正，经过裱纸、画画、装药即可再度上场了。

5. 火龙民俗的文化解析

崇龙民俗是汉民族共同的习俗，作为汉文化核心的"崇龙"传统，源头可上溯至人类对氏族图腾如虎、鱼、鹰、蛇、牛、马、鹿、鳄等凶猛动物的崇拜，早在数千年前即植入了中华先民的意识，成为神物和奇迹。由于这种虚拟的动物形象是由各氏族部落的真实图腾复合而成的，它便成为中原大地第一个奴隶主王朝团结不同部落的法宝。因此，龙的文化蕴意不仅是勇敢、生命活力的表征，也象征团结与和平吉祥。

埔寨的火龙，出现在元宵节之夜，将元宵节火的元素引入了传统的舞龙活动中。透视其传说、形成与民俗内容，可以发现其具有十分深厚的地方文化色彩。尽管其来源于不同传说，但仔细分析比较即可知，三个传说揭示了一些共同的东西：其一，龙有好恶，恶龙虽然能够横行一时，但终被制伏。人们歌颂行善的龙王，也歌颂勇斗邪恶的张共，折射出客家民系鲜明的善恶观和是非观。其二，传说多与旱灾有关，充分反映了南粤客家山区由于地处河流上游，旱灾多于水灾的特点，也反映出在传统农业时代，客家民系为农业发展兴修水利而不惜其力的生态文化特色。

从制作和表演过程看，烧火龙将客家民系勤劳开拓、不惧困苦的大无畏精神表现得一览无余。也许，现代人会认为，赤膊袒胸置身浓烈的爆竹和烟花场景，不仅不雅，而且危险。相反，客家人认为，舞龙者如有幸被烟花、爆竹燎起水泡，不但是勇敢的标志，还是新年吉祥的预兆。这正好折射出客家民系勇于开拓的精神，而这种精神是在不屈服恶劣生存环境、顽强垦殖、代代延续中而得，这种精神正是客家垦殖文化中开埠创业的品质之一。

在活动形式与内容上,其文化寄意更加明显。仅从"烧火树"依序飞出的吉祥物来看,形与义连,义托形出,无不展示了客家民系对幸福生活的向往和美好未来的祝愿,这就不难理解"烧火树"每一环节被称为"托"的悠远意境了,"托"者,寄托也。"燃禹门"之所以又称"鲤鱼跳龙门",一是以这种方式诠释大禹治水的故事,热情讴歌民族英雄和领袖勇于面对自然灾害的必胜理念与科学策略;二是深刻反映客家民系沿袭中原文明的儒家传统美德,并在不利的自然条件下强化了崇尚文化教育的意识,整个活动涉及的人力、物力并不亚于一台大型文艺晚会,其磅礴气势、繁复程序、如歌节奏、合作群体共同营造了客家民系团结协作、精神高昂、社会和谐、意气蓬勃的精神风貌。

6. 传承与发展

据《丰顺县志》记载:每逢农历正月十五元宵节,埔寨镇5个张姓自然村,都要集资烧龙欢庆佳节。四邻六乡数以千计的人都前来观赏,烧龙场面异常壮观。一年一度的火龙吸引了远近无数的游客前来观看,火龙已经成为埔寨的重要名片和对外宣传的重点品牌。烧火龙主要盛行于广东省丰顺县埔寨镇的埔南和埔北,是当地元宵节庆和其他盛大典庆的必备内容。其声名远扬,曾赴深圳、珠海、从化、福建等地表演,中央电视台(以下简称"央视")、广东电视台、香港电视台及一些国外电视台曾录播。近几年曾受邀到台湾进行表演,促进了大陆与台湾的文化交流。丰顺埔寨火龙现已闻名全国甚至全世界。1993年央视举办的大型电视纪录片《神州百姓闹元宵》中也有丰顺埔寨火龙表演者的身影。可以说,丰顺埔寨火龙是客家民俗体育活动中的典型代表。因其历史悠久、深具民族民间韵味,2006年5月,丰顺埔寨火龙被广东省列入第一批省级非物质文化遗产名录。2008年6月,丰顺埔寨火龙被列入第一批国家级非物质文化遗产扩展项目名录,同年11月,埔寨镇被国家文化部授予"中国民间文化艺术之乡"称号。2018年,张自进入选国家级非物质文化遗产代表性项目龙舞·埔寨火龙代表性传承人。

图 2-38　国家级非物质文化遗产"龙舞·埔寨火龙"

044

图 2-39　丰顺埔寨——国家级非物质文化遗产"火龙之乡"

第二节　舞狮类体育非物质文化遗产

　　狮舞，又称"狮子舞""狮灯""舞狮""舞狮子"，多在年节和喜庆活动中表演。狮子在中华各族人民心目中为瑞兽，象征着吉祥如意、勇敢和力量，舞狮活动中寄托着民众消灾除害、求吉纳福的美好意愿。狮舞历史久远，《汉书·礼乐志》中记载的"象人"便是狮舞的前身；唐宋诗文中多有对狮舞的生动描写。1 000多年来，人们用夸张的艺术手法，创作编排了具有浓郁民族色彩的狮子舞，成为劳动人民最喜爱的舞蹈形式之一，反映了中华民族强烈的自豪感。因为狮子是吉祥的化身，因此每逢春节、元宵节，人们便舞起狮子，走街串巷，寓意驱魔、避邪、保人、畜四季平安。现存狮舞分为南狮、北狮两大类，南狮神态矫健凶猛，表演内容具有较多的高难度动作与技巧；北狮娇憨可爱，多以嬉戏玩耍为表演内容。根据狮子造型、制作材料和扎制方法的不同，各地的狮舞种类繁多，异彩纷呈。

梅州民间舞狮历史悠久，流传范围很广。据《梅州市志》记载：梅州民间狮子有青狮、金狮、阔咀狮、扛押狮。其中，青狮为王中之王。梅州狮子属南狮，只有一个狮头，狮身为一块画布，表演形式有单人狮、双人狮两种。以前，各乡村有自己的狮班，也是武术班，活动主要是拜年、闹元宵，以及受雇为各种仪式"打狮"。每班狮子还有一个大头（面具）和尚，一手执蒲扇，一手执"青"（树叶）。有的狮班还有一个戴面具的猴子。舞狮除了跳跃、翻滚、攀登等技巧性动作外，大都要在锣鼓伴奏下表演一套程式，如拜山、出山、参狮、洗狮脚、洗狮身、种假青、种真青、吃青、挖井、饮水、睡狮、扇狮、逗狮、镇狮、归山等。舞狮前或后，多有刀、枪、棍、棒等武术表演。在诸多舞狮中，梅江区的席狮舞和大埔青溪仔狮灯别具一格。

一、梅江区席狮舞

席狮舞是广东省梅州市梅江区客家人特有的一种传统民间舞蹈，用席子作为道具的席狮舞是岭南狮舞中比较著名的一种。汉族民俗认为狮子可以驱邪辟鬼，舞狮即是送瑞，狮舞前来拜年象征着吉祥如意、瑞气临门，所以很多地方狮舞的风俗一直延续至今。中国狮舞的形式丰富多彩，席狮舞是客家地区独有的一种狮舞形式。席狮舞也称"打席狮"，是梅州城区民众在进行传统人生礼仪"香花佛事"时，僧（尼）穿插于佛场间的一种游戏，也是佛教场中佛家僧人为民间办丧事，念经以超度亡灵（客家人称为"做斋"）时特有的一种传统民间祭祀性舞蹈。席狮舞与其他的狮舞不

同，它抛弃了其他狮舞中形似的装扮狮头、狮子的道具服装，只是由一个表演者用一张草席装扮成"狮子"进行表演，以"草席为狮"作为表演的主体，模仿狮的行走、跳跃等形态，在似狮非狮中求其神似，表演时诙谐风趣，具有鲜明独特的客家特色，深受梅州民众的喜爱。

1. 历史渊源

席狮舞在梅州民间民俗中广泛流传，历史悠久，由于没有足够的文献记载，我们无法断定其起源的年代和流传情况，也就无法详细准确地对其进行考证，但可以肯定的是，从清末至 20 世纪 60 年代，席狮舞在梅州民众做"香花佛事"中发展兴旺、十分盛行。梅州民间关于席狮舞则有以下几段历史流传：

其一：有人认为席狮舞以席子为主要道具，应该是师出道家，原因缘于民间流传的一个道教传说。据传道教始祖老子曾与如来佛祖商议分管人间五行，最后如来佛祖分到土行，老子分到金、木、水、火四行。老子做法事唯独没有立足之地，只能局限在一张草席上活动。因此，一部分人主张席狮舞源于道场法事。

其二：传说唐僧师徒往西天取经，途经一山村时见横尸遍野，经查访得知，原来是妖魔作怪。当晚观音托梦给唐僧，赐唐僧长命草和蒲扇两件法宝，让他速到离此地四十里外的大山洞中，用长命草引千年雄狮出洞且绕山村一周，村民即可得救，如狮子发怒，可用蒲扇降之。次日，唐僧即命沙僧带着长命草和蒲扇，前往山洞依法而行，果然驱除了妖魔，保得村民平安。席狮舞独特的表演形式是客家人就地取材模仿狮舞而形成的。

其三：据碧峰寺的主持、席狮舞的传承人释宝华介绍，席狮舞源于梁朝，其在中国的流传有 1 500 多年的历史。梁文帝当政时，总是觉得自己身边有不祥之物，整天疑神疑鬼，感觉浑身不自在。于是请来了法师为他作法，在作法过程中，法师就地取材，当场卷席扮狮，为梁文帝驱鬼驱魔。法事完后，果真有效果，梁文帝龙颜大悦，相信狮子有降妖除魔的作用。但由于种种原因，席狮舞并没有在其刚起源的时候就马上发展起来，取而代之的是经过美化的、有华丽服装和道具的其他种类的狮舞在宫廷和民间不断发展。直到唐文宗太和年间（827—835），佛教传入梅州并与当地的文化生态相结合从而伴生出"香花"派时，席狮舞才开始得到发展。

"香花"又称"香花佛事"，是客家地区特有的一种佛教科仪，仪式分为唱、念、做三种。席狮舞是"香花佛事"现场穿插进行游艺表演的独特项目。从此，席狮舞伴随着"香花佛事"的形成、发展而慢慢流传下去。在"香花"派的影响下，梅州宗教活动昌盛，从事佛教活动的人数较多，民间举办丧事时都愿意请佛家弟子到家做"香花佛事"，以求平安。而"狮子"寓吉祥，可驱除不吉祥之物，因此席狮舞成为民间举办丧事时的重要仪式。席狮舞经历了南朝梁、唐、宋、元、明朝代的产生、形成和流传，清末至"文革"前的兴盛，20世纪50年代的挖掘整理，"文革"期间的沉寂以及如今21世纪打造"世界客都"、"保护国家级非物质文化遗产"的提升和弘扬。

其四：据碧峰寺僧人、席狮舞传承代表释彭龙回忆，狮舞渐被引入佛事活动中，变成席狮舞这一独特的表演形式，是在抗日战争时期（1937年前后）由蕉岭县释基尧僧师创编的。他仿效民间喜闻乐见的狮舞形式，就地取材，利用一张席子，巧妙地折叠成狮头模样，便活灵活现地舞弄起来，在佛事活动中穿插表演，之后又吸收了木偶戏《化子进城》中民间杂耍的表演特点，逐步形成了如今的席狮舞。

其五：据说梅州百姓家中有丧事，一定要大设灵堂，选择吉日邀请家族中的所有亲戚朋友参加，为死者超度亡灵。古时候，梅州人多依山近水而居、房舍矮小、居住极为分散，办丧风俗都要连续超度两三天时间，众多的宗族亲戚、朋友的住宿就成了大问题，东家难以应付亲戚朋友的住宿和招待，僧人便就地取材创作出独特形态的"席狮舞"，既解东家之困，又可乘此机会宣传佛教教义。

2. 席狮舞表演的道具与配乐

席狮舞所需的器具包括草席、长命草和蒲葵扇。

草席：草席是用来装扮狮子的道具，由柔韧的草茎编织而成，一般长1.9米，宽1米。多为市面上能够购买的单人床草席。

长命草：长命草又称"青"，多采用一小撮杂草或者带叶的柏树枝。

蒲葵扇：蒲葵扇俗称蒲扇。由蒲葵的叶、柄制成，是中国应用最为普及的扇子，亦称"葵扇"。后来也常用折扇代替。

打击乐器主要有：锣、堂鼓、铙钹。

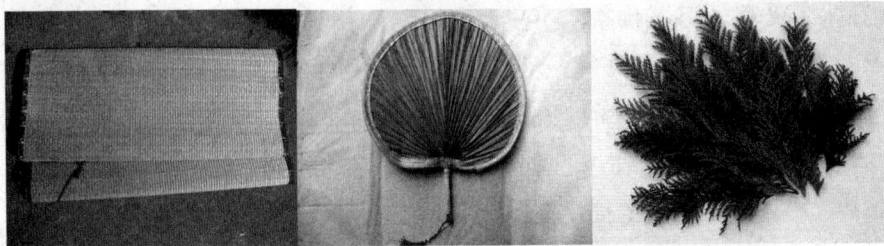

图 2-40　席狮舞道具草席（左）、蒲葵扇（中）、"青"（右）①

图 2-41　席狮舞使用锣、堂鼓、铙钹伴奏

锣，客语俗称本地锣，它是铜制的，直径约30厘米，扁平圆体，有边，边有小孔，系以绳。演奏时，左手提锣，右手持木槌击奏。

堂鼓，又称同鼓，以木为框，两面蒙牛皮，鼓面直径为22～32厘米，鼓高约为33厘米。演奏时，将鼓放在木架上，用双木槌敲击。

铙钹，是一对金属圆片，直径约为35厘米，中间凸起，各有一条细布系在中央，演奏时手持细布将两片对击。

锣、堂鼓、铙钹是席狮舞鼓乐的必备器乐，配合表演者的表演和故事情节，鼓乐节拍明朗，轻重快慢有序，强弱急缓鲜明。

---

① 席狮舞的相关图片由梅江区文化馆提供。

3. 席狮舞表演的套路与动作技巧

席狮舞虽然道具简单，但动作技巧丰富，有一整套固定规范的程式。僧人就地取材，在做法事的道具——席子一端的左、中、右各取 3 个点，用一只手的中指和食指穿透席子中间的点，大拇指和小指分别穿透左右两个点对折成三角形状扮成狮头，另一只手牵住草席的另一端放在身后配合舞动狮身。其表演程式主要分为起狮、出狮、引狮、狮舞、种青、偷青、藏青、抢青、逗狮、入狮等。整个表演需 20 分钟左右。席狮舞有两个扮演者，一个是"席狮"扮演者，一个是"沙僧"扮演者。席狮舞表演一开始，扮演者首先握席卷上场，做"舞席卷"动作，而后跑至台前背向观众做"起狮扮狮"动作扮成狮子，再面向观众做"参狮"致意，这称"起狮"。

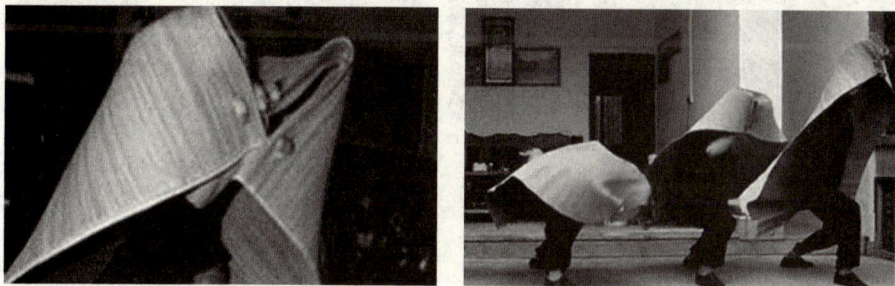

图 2-42 "席狮"道具的使用方法

伴随由锣鼓奏出三通高亢、急速的鼓乐，狮头高昂跃出绕场一周后退在一边观察，另一名逗狮僧人（即"沙僧"）持扇上场走到"狮子"身边俯身安慰，做"摇扇跳步"上场，称"出狮"。

逗狮僧人持扇至狮面前，做"逗狮退步"动作引逗狮子，狮子做"狮摆头""狮脖伸缩"等动作与之呼应。随后狮子背向观众做"睡狮"，沙僧至狮背后，做出替狮子挖耳、搔痒、扇风、抓虱子等动作，狮子配合动身动头，作舒服状，称"引狮"。

"狮子"表现出行走、跃涧、捕食、逗乐等各种野外生存状态时称"狮舞"。逗狮僧人见狮子逗乐，也高兴地开始"种青"，整个种青的过程和生活中种植的过程一样，即挖土、种植、浇水、施肥（肥料就是逗狮僧人当场解

的大小便——表演中只是做一些模拟动作）等，把生活中的动作都搬到了舞台。

种完青以后，逗狮僧人在一旁打盹休息。此时，狮子回头悄悄"偷青"，狮子把青偷走了，并来到草丛中"藏青"。

逗狮僧人睡醒后，发现青不见了，四周找了一番但没有找到，这才意识到是狮子把青偷走了，于是到狮子面前抢青，逗狮僧人前后、左右、上下翻滚抢夺称"抢青"。

逗狮僧人见抢不到青，赶紧到山涧捧山泉水讨好狮子，这称"逗狮"。狮子与逗狮僧人达成和谐共处、亲密地相伴退场称"入狮"。

图 2 - 43　席狮舞表演

席狮舞的道具和伴奏虽然都很简朴，但显现出一种客家人特有的质朴、亲和，颇有"鼓盆而歌、长歌当哭"的意境，并有祝愿在世之人安康祥和之意。

席狮舞的表演难度非常大，表演时需要舞者的手腕灵活绕动和身体的灵活配合。以右手在前为例，双腿微屈、弯腰，右手抓住折叠的草席的一端，主要靠手腕和肘关节的活动来体现狮头的灵活，左手在后抓住草席的另一端作为狮尾配合摆动。同时做各种动作，重点是保持身体平衡和动作的协调，追求与狮子形似且神似。

图 2 - 44　僧人练习席狮舞动作

"席狮"扮演者的动作有舞席卷、起狮、扮狮、狮摆头、狮脖伸缩、参狮、蹲狮、睡狮、卧狮等。"沙僧"扮演者的动作有摇扇跳步、逗狮、退步等。步型有弓步、马步、丁步、虚步等，步法有提步、反步、靠步、跳步、趟步、摆步、卧步等。不时还会做前滚翻的动作。舞步多以蹲、跨、跳、跃交替进行，来完成狮舞中"舞席卷""起狮""扮狮""狮摆头""狮脖伸缩""参狮""蹲狮""睡狮""卧狮"等动作，模仿狮子跳涧、扑食、饮水、采青等行为。狮子的各种表演环节，时而激烈昂扬、时而舒缓优雅，把狮子的各种形态展示得淋漓尽致，在似狮非狮中显现出一种特有的质朴、亲和美。席狮舞的伴奏随着表演者的动作变化而转换乐曲或无限反复。表演者的动作节拍比较自由。"席狮"扮演者双脚走动的步伐一步一顿，比较稳健。"沙僧"扮演者除规定动作外，主要是依情节随意发挥生活动作，但应经常向前弯腰，表演较为风趣。整个表演过程的长短、动作的取舍及发挥，由表演者自行掌握。

4. 席狮舞的文化特征

客家的主体是来自中原的汉民族，是汉民族南迁的一个分支。客家先民始于秦征岭南融百越时期，历经西晋永嘉之乱、东晋五胡乱华、唐末黄巢起义、宋室南渡，中原汉族大举南迁，陆续迁入南方各省。在与外界相对隔绝的状态下，经过千年演化，到了宋末至清代中期才逐渐在福建、江西、广东、广西、湖南、四川及台湾等地定居下来，形成具有独特方言、风俗习惯及文化形态的汉族民系。先到为主，后到为客。先期在当地居住的便称这群后来入户的人为客人，上昌地官府注籍中亦称

之为客户，以后通称为客家、客家人。千百年来，散居在各地的客家人在当地生活和交往中没有完全混化于当地，而一直保持客家先辈传导下来的风俗习惯、生活方式以及为人处世之道，甚至他们所讲的方言也是保留中原古汉语音的客家话。有人认为是客家人的迁徙造成了客家人的历史，这是颇有见地的。同样可以认为客家文化也是客家人在漫长的迁徙历史中逐渐形成和发展的产物。客家先民是由中原迁徙过来的，因此客家文化必然保持着中原文化的特征。而客家人在迁徙的过程中因常年战乱，生活条件也必定艰辛。逢年过节，客家人想要保持以前的舞狮的习惯，希望可以驱鬼辟邪、祈求平安，但由于条件限制，连舞狮的道具都没有，聪明的客家人就用简单的草席代替，从而形成了席狮舞独特的表演形式。席狮舞正是中原汉民族在南迁时，中原狮舞文化演变的一个分支，它是中原文化与客家艺术相结合的硕果。

舞狮是中国和世界华人特有的传统，通过舞狮可以弘扬传统文化，寄托民众除恶扬善的愿望，祈祷生活安康、幸福吉祥的朴素情感，激人奋进。席狮舞在梅州城区民间习俗里占有不可替代的位置，是客家传承"孝悌"美德的缩影，是梅州客家人祈祷健康、传递人与人之间互相关爱、共建和谐的独特表现方式，是客家民俗文化的体现，有较高的观赏价值。席狮舞虽然道具简单，但动作技巧丰富，有一套完整的表演程式。它的微妙之处在于以席为狮，似狮非狮；动作滑稽，表演诙谐风趣，既能让人感到轻松，又不引人发笑，表演恰到好处。席狮舞体现了梅州客家人的处世理念和性格特征。生老病死是人们无法抗拒的自然规律，梅州客家地区有人亡故、在做佛事（俗称"做斋"）时，除僧人念经外，还穿插进行席狮舞等"香花"表演，其内容离不开驱鬼辟邪、超度亡灵，但又完全不带阴森恐怖的情节，使气氛既保持庄严肃穆，又不致过度悲哀。这种别具一格的做法，充分体现了梅州客家人开朗、豁达、乐观的处世理念和性格特征。

席狮舞等"香花"活动有助于增强梅州客家人邻里间的团结。梅州客家人治丧通常有众多的宗族亲戚、朋友参与。办丧事时最忌讳冷冷清清，在嫡亲守灵期间，众多的宗族亲戚、朋友一般要在外围做伴，观看席狮舞等"香花"表演，表演则起到了减轻枯燥、消除疲乏的作用。

"白事"谁家都会有，周而复始地这样办下去，有助于增强邻里间的相互往来，避免"鸡犬之声相闻，老死不相往来"。在悲伤的场合中，席狮舞可以调节祭坛的气氛，陪伴做丧事的主家度过漫漫长夜，即所谓的"寓哀于乐"。

5. 传承与发展

席狮舞在当今的文艺宣传和文艺服务中，也有着重要的利用价值。经过文化人多年的挖掘整理、加工提炼和再创作，席狮舞已经成为一种新的艺术品种，在当地山歌剧、文艺汇演中常被采用。从 20 世纪 50 年代初起，席狮舞开始走上文艺舞台，1982 年蔡汉强、丘彩云共同收集、挖掘、整理、创作的《席狮舞》参加梅县地区民间艺术汇演获二等奖；1983 年《席狮舞》获全省业余文艺作品三等奖；1986 年《席狮舞》获广东民间音乐舞蹈比赛优秀奖；1987 年李烈原《"席狮"古艺发新花》一文在《人民日报》（海外版）发表，北京广播电台对李烈原撰写的通讯进行了广播；1990 年梅州市艺术学校在蔡汉强创作的《席狮舞》的基础上重新编排表演，获闽、粤、赣三边首届舞蹈邀请赛三等奖；1994 年在第 12 届世界客属恳亲大会上表演的大型音乐舞蹈史诗《客家春秋》节目中，《席狮舞》的表演让客家先民庆祝丰收的场景达到高潮；2005 年，经过创作升华的《中秋席趣》获广东省第三届群众音乐舞蹈花会舞蹈类金奖；2014 年 7 月，在贵州举办的"爽爽的贵阳·原生态音乐之夏"之《八面来风》演出中，梅江区非物质文化遗产（表演）项目"席狮舞与铙钹花"，作为广东地区唯一一个表演项目参加演出。在贵州三天的表演中，卷席为狮、独具特色的"席狮舞"让在场观众惊叹不已。2007 年，席狮舞先后被梅州市（第一批）和广东省（第二批）列入非物质文化遗产名录；2008 年，席狮舞被国务院批准列入第一批国家级非物质文化遗产扩展项目名录；2012 年，席狮舞传承人池千福入选梅州市第三批市级非物质文化遗产项目代表性传承人名单；2018 年，池宏庆入选国家级非物质文化遗产代表性项目狮舞（席狮舞）代表性传承人。为了保护传承国家级非物质文化遗产"席狮舞"项目，使之延续发展，2010 年开始，梅州市粤东文武学校义务承接了这一国家级非物质文化遗产专业人才的培养任务。

由于提倡丧事从简，席狮舞在民间的展示平台缩小了。传承与发展席狮舞不应该局限于传统的形式，要寻求更多的展示平台。席狮舞是梅州客家人传承"孝悌"美德的缩影。虽然在传统丧事中减少了席狮舞表演的活动，但是，可以在清明时节祭拜祖先的时候，由政府组织开展席狮舞表演活动，借以传承梅州客家人"孝悌"的美德。对于进行席狮舞的相关研究，应该深入实地进行考察，多与年长前辈交流才能更具体更全面地了解相关内容。此外，在研究席狮舞的过程中，要尽快对原生态的图文资料进行发掘，提供更具说服力的文献资料。利用现代电子技术，以传承人为对象，制作相关视频资料。在客家博物馆和其他文化展览馆建立席狮舞非物质文化展览室。席狮舞作为客家地区具有代表性的地方区域文化，是梅州客家地区民俗、民间文化的集中体现。在社会发展对文化提出新的发展要求的大背景下，席狮舞要适应现今文化发展需求并得以延续和传承，除了要保持原生态的文化特征，还要适应市场经济和信息社会对文化提出的发展要求，寻求长远的发展途径。

2019 年 11 月，国家艺术基金"染天蓝"项目组赴梅州采风，其第三站便是拜访碧峰寺席狮舞的传承人释宝华。"染天蓝"项目主持人郑萌老师带领创编团队与释宝华一起探讨席狮舞的基本动律、形象特征与文化属性，为岭南传统舞蹈的现代演绎寻找创作之魂。我们也希望通过交流学习促进席狮舞的可持续发展，使这种原生态文化不断传承下去。

二、大埔青溪仔狮灯

1. 历史渊源

仔狮戏球，又名"仔狮灯""狮子滚球"，是花灯类的舞蹈，它既是一种常见的狮子舞，又有别于一般的灯舞，流传于广东省大埔县的青溪、长治、茶阳和湖寮等地，是当地闹元宵的传统节目，于 1941 年大埔县青溪镇蕉坑村的元宵灯节由青溪村涂禄安首创（另有一说是由范炳雄、范幸孙首创）。据传，清末民初，广东汉剧和提线木偶在大埔民间广泛流传，当时民间艺人在提线木偶戏和狮灯技艺的基础上，创制了"带球戏耍"独特造型的"仔狮灯"，取名为"狮子滚球"。仔狮灯吸取了大埔地区汉剧中的提线木偶的技艺和杂技表演中的一些灵活技艺，把两者相融合并配以舞蹈、戏曲，逐步成为当地独特的民俗舞蹈。

2. 仔狮的制作

仔狮制作别出心裁，由竹篾和藤条编织扎架，外蒙以布，塑造成一个憨态可掬、天真活泼的仔狮形象。另外再扎一个玲珑别致的彩灯分别穿过仔狮的上嘴唇、两角和狮身前肢两脚的脚趾，从狮身中透入头部内层、腰部，再引向尾巴部位固定，这样使彩球与仔狮的嘴巴和前爪连在一起。仔狮灯汲取了大埔古汉剧提线木偶的技艺，使狮与球连成一体，从外形上看，仔狮口含红球，身首灵活，活泼可爱。

图 2-45　仔狮灯表演的道具（大埔县文化馆提供）

3. 仔狮灯的表演

仔狮灯表演主要集中在每年的新春元宵或喜庆之日，舞蹈一般由一群童真童趣的孩子来表演。舞蹈寄物寓意，借助舞蹈艺术和特有的拟人化的舞蹈动作及舞蹈语言，反映人民的情感、愿望和思想。仔狮灯的表演除了吸收提线木偶的技巧，还大胆地吸收了戏曲、杂技的艺术手法，由一人执狮灯表演，表演者通过双手操持把杆的提线装置，充分运用放线、晃线、提线、抽线等动作技巧，配以猫蹿、蹦跳、滚动等舞步，变化出抛、晃、拉、接、翻、滚等各种仔狮戏球的形态；以及通过表演者站、蹲、跪、跳、卧等动作，使球上抛下落、左右翻动，生动地塑造出仔狮时而吐球于

掌上，摇头晃脑跪着戏耍，时而又含球飞奔、抱球蹦跳、甩球追逐、卧地潇洒而舞等活灵活现的场景。表演时，在汉调音乐伴奏下，一只大狮子首先登场，随后跟着 6 只小狮子，他们各抱着一个彩球，抛抛接接，忽离忽合，欢快起舞。主要套路有："雄狮出山""画眉跳架""流星赶月""猫儿扑鼠""卧地滚球""鲤鱼挺水"。大狮老成持重而不失活力；仔狮则稚气未除，淘气可爱。在操控者双手握棍提线、时站时蹲的演绎下，一只只栩栩如生的狮子便呈现在观众眼前。仔狮灯既适合乡间表演，亦适合在城区举行的各类活动中展现。

图 2-46　仔狮灯表演（大埔县文化馆提供）

4. 传承与发展

仔狮灯的出现与大埔地区客家元宵灯节盛行的迎灯赛舞密切关联，相传仔狮灯 1941 年春第一次出现在元宵灯会的迎灯队伍中。当时的道具是竹扎纸糊，比较粗糙，而且音乐和舞蹈也比较简单，但是道具中狮子和球能够连成一体又能分离活动，已经与其他一般的道具有了很大的区别。后来由于各种原因，在 20 世纪 50 年代中后期，当地懂得仔狮灯表演的人越来越少，仔狮灯表演逐渐销声匿迹，只有为数不多的喜好者熟知并掌握仔狮灯的全套表演技术及道具制作。大埔县青溪镇涂叠登老人是广东省非物质文化遗产"仔狮舞"的市级非物质文化遗产项目代表性传承人。1958年，在埔顺并县（指撤丰顺县，划潭江、大龙华等公社归入大埔县）的文艺晚会上，他第一次登上舞台进行仔狮灯表演。在舞台灯光的照耀下，随着汉调音乐的伴奏，他手中的仔狮灯时而欢快起舞，时而卧地潇洒而舞，时而摇头晃脑戏耍绣球……看到他将手中的仔狮灯变化出各种戏球的仪态，台下观众掌声阵阵，这种鼓励也让年轻的他更加坚定了舞仔狮灯的信心。此后，村里每年的元宵活动都少不了涂叠登的身影，他和其他仔狮灯表演者一起，走家串户向乡亲们恭贺元宵，成了远近闻名的艺人。到了20世纪90年代，仔狮灯的发展更迅速，每年元宵，青溪村200多户都少不了仔狮灯表演。然而，年末也是涂叠登木工活最忙的时候，他只好利用夜晚的时间来赶工做、修仔狮灯，保证每年正月十三、十四、十五三天仔狮灯队伍能够准时到各家各户"串门"表演，增添喜庆。

　　20世纪70年代，在当地政府的支持下，仔狮灯的表演活动慢慢恢复和组织起来，逐渐开始将仔狮灯的道具制作和表演技艺广泛传承。1983年，仔狮灯被评为广东省民间舞蹈创作奖；1986年，仔狮灯被评为全省民间舞蹈比赛"丰收奖"；1986年，仔狮灯参加广东省民间音乐舞蹈比赛获得二等奖；1988年，仔狮灯参加广东省首届欢乐节的演出；1989年，《仔狮戏球》被收入《民族民间舞蹈集成·广东卷》；1990年12月，仔狮灯被收入国家文化部组稿出版的《中国民间艺术大辞典》；1996年，《仔狮戏球》被收入《中国民族民间舞蹈集成·广东卷》；1997年1月，《仔狮舞》赴京参加1997年春节八省电视台联合拍摄的《天南地北喜迎春》，并在央视及多家省电视台播放；2005年，大埔县文化广电新闻出版局再次对传统仔狮灯舞进行改革创新，推出了全新的少儿仔狮灯舞，将道具缩小以更适合少儿表演，舞蹈由原来的9个人增加到24人表演；2007年8月，少儿仔狮灯队赴中山参加广东省第七届少儿艺术花会，荣获金奖；2008年10月，青溪仔狮灯队赴梅州参加梅州市第三届中国客家山歌旅游节"客家山歌民俗风情展演"，荣获优秀演出奖；2009年3月，青溪仔狮灯被梅州市列入第二批市级非物质文化遗产名录；2009年10月，狮舞（青溪仔狮灯）被广东省人民政府列入第三批非物质文化遗产扩展项目名录；2013年7

月,《少儿仔狮舞》赴东莞市清溪镇参加广东省 2013 年非物质文化遗产传统舞蹈汇演,荣获金奖和传承奖。

值得一提的是,2013 年 7 月,在广东省文化厅主办的"热土风情舞岭南"广东省非物质文化遗产传统舞蹈汇演决赛中,大埔县优秀的民间艺术、省级非物质文化遗产项目——大埔小学表演的少儿仔狮舞,凭借着活泼可爱、童真童趣和生动灵活的舞蹈编排,从全省 21 个地级以上市(区)选送的 62 支参赛队伍中脱颖而出,一举夺得了少儿组比赛的金奖和传承奖,并在颁奖晚会上进行节目展演,充分展现了大埔县非物质文化遗产保护与传承工作的成果。

第三节　传统舞蹈类体育非物质文化遗产

一、兴宁杯花舞

1. 历史渊源

杯花舞原是兴宁道教歌舞中的一个片段,迄今为止已有 300 多年的发展历史。明嘉靖年间,道教从福建古田一带传入兴宁,至明崇祯年间,道教活动逐步开展。清代沿袭明朝遗风,道教活动久盛不衰。兴宁道士以"赶鬼驱邪""安龙奉朝"等方式进行活动,只为生者求神祈福,不为死者亡灵修斋超度。做觋(道场)时,以年轻觋公男扮女装俗称"觋婆嫲",站在草席上念经作法。做道场的一般程序是:白天进行"迎神""上表""化表"等以唱为主的法事,晚上化装成三奶娘(陈奶娘、林奶娘、李奶娘)表演扇花、棍花、梳妆、办军粮、过五方、唱鸡歌(无舞)、杯花等歌舞。据称,这些舞蹈主要是表现三位奶娘到茅山学法除妖的过程。该舞由三人表演,一人表演歌舞,其余两人用锣鼓和客家五句板说唱的竹板敲击节奏伴舞。

2. 杯花舞表演所用道具

杯花舞的道具主要是白色瓷质的"伯公杯",舞蹈者每人双手各持一对。"伯公杯"是产自兴宁的一种白色的瓷质酒杯,杯子直径两寸,杯底直径九分，高两寸（图2-47）。表演杯花舞时，手持两杯口相扣，表演者拇指托住下杯底，中指弯曲在上杯内，食指和无名指分别夹按在上杯的两侧，将上杯沿斜压在下杯口的二分之一内，可以上下翻腕并带动两杯相击（图2-48）。

　　改革后的杯花舞，道具也随之发生了改变。"伯公杯"的底部被钻了一个小孔，孔里系上松紧带，松紧带缚在舞蹈者的手指上，使舞蹈者在表演时可以更加稳定地握住"伯公杯"而不会掉下，让舞蹈者在表演的过程中能够更加收放自如，从而进行多样化的表演，图2-47展示的伯公杯是没有小孔的。而改革后由于表演道具杯子具有其独特性，舞蹈者是通过敲击或震动杯子来表演的。在这个过程中，为了能够最佳展现杯花舞的声音特点，舞蹈者需要灵活运用各个手指的关节，特别是中指，夹在两个杯子中间，控制两个杯子之间的碰撞击打。而拇指、食指和无名指一样都是运用手指的灵活度去控制力量和方向，才能使其在碰撞和击打时发出清脆悦耳的声音，具有鲜明的节奏感，再加上快板、慢板的交替，给人带来愉悦感，这也是杯花舞别具一格的表演特色之一。它那"叮叮咚咚"如流水般的声音，清脆悦耳，令人心旷神怡。

059

图2-47　杯花舞道具"伯公杯"①

图2-48　杯花舞持道具手型

---

① 杯花舞的相关图片由兴宁市文化馆提供。

3. 杯花舞的歌词舞曲与舞蹈动作

杯花舞的歌词与舞曲极具客家风俗特色。它起初是以客家青年男女的爱情和劳动为主题的，跟客家山歌有些许类似，都是用当地方言演唱的，如"你莫嫌我耕田郎，耕田阿哥真唔差""你莫嫌我耕田嫲，耕田阿妹真唔差"，表达男女双方朴实勤劳的个性，以及对爱情的忠诚。但后来随着时代的变化，杯花舞的歌词也有所变化，它由原来的爱情故事演变成如今反映客家人民勤劳诚恳的美好生活，成为独具客家特色的一种舞蹈艺术。而舞曲起初是由伯公杯和一些打击乐合成的，后来通过改革，运用民间小调和当地客家水口山歌的基调，再加上音乐节奏的变化，使得杯花舞的歌曲更为热烈，更加贴近人们的日常生活。其中著名的《明月照山乡》就是以反映客家人民欢乐生活为内容编写的简单歌词。

图 2-49 杯花舞"下腰"

杯花舞表演的动作有摇杯、打杯、转杯、磨杯、杯花出手；舞步有云步、横步、跪步、"下腰"等动作（如图 2-49 至图 2-52），敲击舞杯的技艺特色让人耳目一新、欢快愉悦。杯花舞有其独特的曲调和锣鼓点，透过"下腰""摇杯""杯花出手"表演，展现了表演者腰部力量、手臂力量以及腹部力量，并用流畅的舞步、巧妙的构图、多变的节奏、大胆的创意，以"摇、滚、甩、打、磨、转"等方式敲击舞杯，尽显其技艺特色。

其中，摇杯和转杯的时候需要用到手腕和小臂的肌肉力量，在手腕的来回转动和小臂力量的协调下得以展现。打杯和磨杯则是需要各个手指的关节灵活摆动，其中磨杯还需要使用小臂的肌肉力量。在舞步中，云步、横步、跪步都需要用到脚下力量，因为很多时候需要垫步和垫脚。此外，还需大腿和小腿的肌肉力量，其中跪步所需的肌肉力量是比较大的，它需要一定腿部力量支撑这个动作。而"下板腰"动作涉及身体多个关节和肌肉，它需充分运用腰部力量和腹部力量。在全面展现各种动作的基础上，充分利用手臂、腰和腿部等肌肉关节，在舞者的相互赛杯、相互献艺中，起到了锻炼身体的作用。

图 2-50　杯花舞"摇杯"

061

杯花舞在促进舞者强身健体的同时，使观赏者得到艺术欣赏的体验。杯花舞以表演者优美婀娜的舞蹈动作，欢乐明快的音乐节奏，清脆悦耳的"铃铃"杯声，以及客家味极浓的改编的山

图 2-51　杯花舞"杯花出手"

歌调式，让观赏者百看不厌。可以说杯花舞是劳动人民智慧的结晶，具有很高的艺术价值，是客家民间舞蹈艺术的一朵奇葩，久演不衰，饮誉国内外。

图 2-52　杯花舞传承表演

4. 传承与发展

起初，杯花舞是以客家"五句板"说唱用的竹板进行击板伴舞，100多年前才开始对其表演形式进行创新。清末道士朱官祥将竹板改为用兴宁出产的白色瓷质"伯公杯"进行演奏，改变了其节奏和声音，使其更具欣赏性和技巧性。后来在民国时期，道士凌佛桂师从邬丙粦、曾添胜、朱官祥等人，从事杯花舞的表演工作，使杯花舞在舞蹈节奏的变化、身段设计以及舞步方面都有了新的发展。

中华人民共和国成立后，兴宁舞蹈者对杯花舞进行了多次改革。1956年，兴宁第四中学老师罗渣、谢月文着手编舞，由文化馆创作干部范晴作词，谢高、罗渣编曲，以民间小调和本地水口山歌为舞曲基调，编成表现客家青年男女劳动和爱情生活的民间舞蹈《杯花舞》。1956年，改革后的杯花舞参加在汕头市举行的"粤东区民间艺术汇演"获得节目奖，也是杯花舞最早获奖的一次表演。1983年，兴宁文化馆干部林惠文等人员通过对杯花舞的继续挖掘和不断创新，创编了最具代表性的著作《明月照山乡》。此后，该舞曲在广州、深圳等地进行演出，并在2013年央视中秋晚会上演出，获得了观众的一致好评。1996年和2014年杯花舞分别被载入《中国民族民间舞蹈集成·广东卷》和《中华舞蹈志·广东卷》，并荣获编撰成果三等奖。2007年，杯花舞先后被梅州市（第一批）和广东省（第二批）人民政府批准列入非物质文化遗产名录。2008年12月，兴宁被国家文化部誉为"中国民间艺术'杯花舞'之乡"。杯花舞代表性传承人有（省级）林惠文、（市级）刘丽娜。

在对杯花舞传承与发展的调查过程中，笔者曾多次去当地的文化局进行调研，但由于年底较忙碌，工作人员常常外出，难以找到负责人。在进行资料调查的时候，负责人也不愿提供馆藏资料，只提供相关网站查阅。而在与负责人的交流中，语言都比较简略，得到的资料甚少，不利于调查与研究。为了杯花舞的继承与发展，建议有关人员在交流中多提供相关信息。实地考察，获得信息的渠道非常窄，表演日程基本只有舞蹈者与负责人才知道，没有对外宣传，难以获得现场的信息。为此，建议相关部门扩大宣传力度，加强非物质文化遗产信息的公开性、时效性，扩大民众与非物质文化遗产的接触面。

063

二、大埔鲤鱼灯舞

1. 历史渊源

大埔县地处广东省东北部，韩江上游。百侯镇位于大埔县东部，是中国历史文化古镇，又是"华侨之乡""干部之乡""文化之乡"。鲤鱼灯舞，是最早活跃在大埔县百侯镇侯南村的民间舞蹈。这种惟妙惟肖的舞蹈是杨缵绪从陕西带回来的。杨缵绪（图2-54），清康熙辛丑年进士，乾隆二十二年（1757）任陕西按察使。依此计算，侯南村的鲤鱼灯舞始于260多年前。

图 2 – 53 杨缵绪故居①

图 2 – 54 杨缵绪朝服像

　　鲤鱼灯舞属花鸟鱼虫一类的民间抒情舞蹈。它寄物寓言，借助舞蹈艺术形象的比兴手法，通过拟人化的舞蹈动作和语言，反映人们的思想、感情、愿望和理想。人们把鲤鱼视为吉祥、幸福的象征。在汉族传统的春

---

① 鲤鱼灯舞的相关图片由大埔县文化馆提供。

节、元宵节活动中，人们通过舞鲤来迎新岁、贺新春、闹元宵，对新的一年、新的岁月寄予美好的期望。鲤鱼灯又叫"五鲤跳龙门"，是从我国古代神话故事发展而来的民间舞蹈。鲤鱼舞多由儿童表演。五鲤的雄鲤鱼稍大些，青色，其余四尾雌鲤是红色。鲤鱼骨架用竹片扎成，裹以绸布，首尾都能摆动，可以手持表演，鲤鱼模型内装电池灯，组成五尾鲤鱼灯。另设龙门，用广东汉乐《百家春》《得胜会》等八音锣鼓伴奏进行表演。舞蹈分六小节：①鲤鱼出草、相会；②游戏；③冲浪；④交尾；⑤跳龙门；⑥长游。整个舞蹈抒情优美，充满着欢乐、愉快的气氛与乐观主义的精神，表现了春光明媚、碧波荡漾、鱼群欢跃的胜景。

在客家人聚集地之一的江西赣州的南康也有鲤鱼舞，其由来还有个传说：据《南康县志》记载，唐末年间章江岸边的鲤鱼岭，有一只修炼多年的鲤鱼精，想跳过龙门而"成龙"。于是，它每年在章水涨水时兴风作浪，想借此跳过龙门，不想，却给两岸百姓带来了无尽的水患。两岸的百姓不堪忍受其害，便告到当地官府，官府查明情况后，即命能工巧匠在鲤鱼岭筑塔，将鲤鱼精镇住。但是，在筑塔时始终封不了塔顶，结果章江的水患未能解除。后来人们发现塔原来是筑在了鲤鱼精的身上，鱼尾还在章水边上，仍会翻动。于是人们便仿效龙灯，用竹篾扎成八只鲤鱼灯和一只龙虾灯，让它们跟在龙头后面，名曰"久久长"（八只鲤鱼灯，一只龙虾灯），去追逐龙头而成神。所以鲤鱼灯流传至今都是龙头逐灯。

大埔鲤鱼灯舞与南康鲤鱼舞不同，其起源传说尚无学者提及，但依据鲤鱼舞的动作和少量相关资料，可推测大埔百侯鲤鱼灯舞系汉族发源地黄河流域广大群众为歌颂夏禹治水而编的舞蹈，舞蹈内容是由民间传说和神话演变而成的。相传大禹治平洪水后，万民庆贺，有五尾金鲤溯河而上，千里破浪，力跃龙门，参加庆祝。因此百侯鲤鱼舞最初的形式是分为七小节：①出草；②相会；③游戏；④交尾；⑤冲浪；⑥跳龙门；⑦欢庆。而这七个小节的表演与大禹治水的故事相符合，因此推测大埔百侯鲤鱼灯舞源于大禹治水和鲤鱼跃龙门的故事与传说。

今日客家地区所流行的鲤鱼灯舞，是对中原歌舞的继承与发展，它所表达的是一种人民安居乐业、国家欣欣向荣的寓意，也符合我国构建社会主义和谐社会的精神内涵。客家人之所以喜爱鲤鱼灯舞，除了因为鱼与人

民的生活密切相关外，还有其更为深刻的含义。首先，"鱼"与"余"谐音，常与富贵有余、年年有余相联系，因此，鱼便成了吉祥、幸福的美好象征。其次，鲤鱼之所以为人们所喜爱，还与鲤鱼跳龙门有关，寄寓着向上跃进的意义，也充分体现了客家人勇于克服困难，不断进取、蓬勃向上的精神。在大埔，人们用鲤鱼灯舞来迎新岁、贺新春、闹元宵，每年从正月初一到元宵节，都会开展"鲤跳龙门""鲤龙会"灯舞等应节民俗活动。广东省大埔鲤鱼灯舞的代表作是《鲤跳龙门》，它分为三个阶段，分别为"群鲤嬉春""比比交尾"和"鲤跳龙门"。"群鲤嬉春"美于形，金鳞翩翩嬉水中；"比比交尾"富于表情，亲情融融，以情感人；"鲤跳龙门"富于想象，具有浓厚的浪漫主义色彩。

2. 百侯鲤鱼灯的制作

百侯鲤鱼灯的制作，首先在选材上，鲤鱼灯以竹为原料，需生长了 2 至 3 年的竹子，且要生长在潮湿而有阳光照射的地方，选择 8 月份以后砍伐竹子（这样的竹子不用蒸、不用煮、不用熏、不生虫），此时竹子的韧性高，不易折断，保存时间更长，这些特点刚好适合用来编织鲤鱼灯骨架。另外，竹节以稀疏为好，更利于编织。在雕刻上，鲤鱼灯的制作更是需要篾刀、扁刀、刻刀、剪刀一并用上，讲究变化性，如刻龙头，头随珠转，身随势旋，令人眼花缭乱，扣人心弦，其做工考究、形象逼真、栩栩如生。

图 2-55　鲤鱼灯的编扎

图 2 - 56　鲤鱼灯的涂色

在扎带方面，材料要削得细腻而光滑，拼起来要使关节有很强的灵活性和真实性。鲤鱼的鱼头、鱼身、鱼尾三部分骨架是用竹篾、竹片及铁丝扎成的，然后用铁丝连接起来，再将圆竹棒的一头插入鱼腹至鱼背顶端为握棒，最后用白布包缝各部位，绘上图案和色彩。握棒，靠鱼的一端为棒头，另一端为棒尾。一般制作一条成品鲤鱼灯需要的时间为 5~6 天，费用为 500~700 元。鲤鱼分雄和雌，雄鲤为青色，身长为 1.2 米，雌鲤大多是红色，身长为 1 米，以短棒为柄，鱼腹安装小电池，眼置电珠，夜间舞鱼，更显鱼眼射光，鱼鳞闪烁。近年来，鲤鱼灯在制作方面有一些变化，例如，鱼身以前是用纸质类包裹，现改成用帆布类包裹，不仅增加了实用性，还延长了鲤鱼灯的寿命。再如，以往鲤鱼灯的尾部是两条尾，现改成三尾，不仅增加了鲤鱼灯的灵活性，还提高了鲤鱼灯的观赏性。百侯鲤鱼灯的制作如图 2 - 55 和图 2 - 56 所示。

3. 活动内容

百侯鲤鱼灯舞的整个表演过程以鼓板、大钹、大锣、小锣、碗锣、小钹、铜金、唢呐、横笛、二胡、扬琴等作为器乐。全场共用八首乐曲：《庆无回》《点纲》《小洋洲》《雁儿落》《九回头》《浪淘沙》《和欢》《尾声》。这些都来自古典汉乐曲牌或选段，进行编排后流行至今。百侯鲤鱼灯舞主要的动作有平游、沉浮、戏水、嬉吻等，其表演形式是由青鲤领队

登台，有出宫、穿花、凌波、戏水、相聚、回宫等多种舞姿，配以汉乐《得胜令》《双凫船》。表演时，鼓乐节奏分明，欢快祥和，给人以清新俊逸、轻快活泼的感觉。道具是锦鲤和龙门，音乐为小八音，舞步以碎步为主，由"群鲤戏春""双双比美"和"喜跃龙门"三个环节组成。整个舞蹈或通过鲤鱼的平、侧、蹁、戏、沉、浮、穿花等多种动作，展现春光明媚、碧波荡漾、鱼群欢跃于大江之中的情景；或通过双鲤对舞，比目齐飞，频频嬉戏，相互构成甜情蜜意、絮絮"细语"的优美画面；或通过群鲤在龙门前"相门""游门""吐门""嫁门""试跃""喜跃龙门""欢庆"等一系列喜气洋洋的场面，把鲤鱼灯舞推向高潮。用作舞蹈的鲤鱼（灯）有一雄四雌，雄鲤是青色的鳌鱼，雌鲤为红色或橙色。鲤鱼灯长3尺，由头、腰、尾三节组成，头尾能灵活摆动。百侯鲤鱼灯舞经过多年历练与摸索，表演从5个人增加到10个人，以往舞步以碎步为主，如今在舞步上有了创新，跳跃成了现今舞步的主要部分。现在，鲤鱼灯舞表演的人数随场地的大小而调整，最多可以100多条鲤鱼同时表演，表演者多为年轻学生。

图 2-57　百侯鲤鱼灯舞表演之一

图 2 - 58　百侯鲤鱼灯舞表演之二

图 2 - 59　百侯鲤鱼灯舞表演之三

图 2-60　百侯鲤鱼灯舞表演之四

4. 传承与发展

《隋书·音乐志》有"鱼化龙，龙变鱼，黄龙变"的记载，可见 1 700 年前的西汉，鱼灯已具一时之盛。明嘉靖《大埔县志》载："元夜，上元自十三至十六夜多于通衢结鳌山张燕集为乐。"清乾隆九年《大埔县志》载："元夜，自初十至十六夜，张莲花灯为鱼龙之戏，迎神出游，街市士女聚观，谓之闹元宵。"这些反映了自明代起乐舞和鱼龙之舞在大埔的盛行。中华人民共和国成立前，大埔鲤鱼灯舞非常流行，有百侯南山、侯南、侯北，湖寮旧田、葵坑、长教、双坑、新岭背，岩上大北坑、小北坑，西河黄塘等 11 个鲤班。此外，大埔鲤鱼灯还流传到了广东省的和平、连平、广州等地和东南亚的多个国家。因其悠久的历史渊源、深具民间艺术韵味，2007 年，大埔广东汉乐、茶阳镇的花环龙、百侯镇的鲤鱼灯先后被列入省、市非物质文化遗产保护名录。可以说，百侯鲤鱼灯舞是客家民俗体育活动中的典型代表之一。

如今，会舞鲤鱼灯的人少之又少，虽然传承人杨良胜每逢周末或是假期都会到百侯中学免费给学生口授鲤鱼灯舞，但是学习人数不多。另外，传承人杨良胜也在自己家中免费培养和训练弟子，而且对弟子没有性别上的要求，弟子年龄在18～25岁的占大部分，女生居多。每逢暑假，参加训练的人较多，最多时达到20人，训练时间一般为2个小时。其中锣鼓队人数7～8人，中年人居多，大多数是男性。制作鲤鱼、龙门、服饰等都是由杨良胜来完成，其他人只是协助，但他已经把这些制作工序传给了家人和弟子。每到元宵节、春节或是当地村做福，杨良胜所带的鲤鱼队就会受邀参加表演。

1953年，大埔鲤鱼灯舞参加广东省（粤东区）民间艺术汇演，由于表演出色，被光荣选拔为上京节目；1954年12月30日参加了在汕头市举行的粤东区第一届民间艺术汇演；1955年3—5月，鲤鱼灯舞在北京参加全国群众业余音乐舞蹈观摩汇演，同年，大埔鲤鱼灯队参加了在北京举行的全国民间艺术汇演；1984年2月，大埔鲤鱼灯队参加了梅州地区首届元宵灯会演出，表演了传统节目《鲤龙会》；1993年元宵节，大埔鲤鱼灯队赴梅州参加央视"神州百姓闹元宵"电视拍摄，表演节目为《鲤跳龙门》。2006年元宵节，大埔鲤鱼灯队参加了梅州市首届客家山歌旅游节。2007年，鲤鱼灯先后被梅州市（第一批）和广东省（第二批）人民政府批准列入非物质文化遗产名录。2011年，一支来自深圳的艺术表演团到大埔百侯镇交流时，称赞大埔鲤鱼灯舞是传承客家文化民间艺术的"瑰宝"，应该完整地传承下去。2012年，传承人还去了福建进行鲤鱼灯舞表演。2014年1月11日晚，《星光大道》第四场年度分赛冠军——来自梅州市客家山歌传承保护中心的细哥细妹组合在节目中"家乡美"的环节，将大埔县优秀的非遗项目鲤鱼灯搬上了央视的大舞台，让全世界的人都领略到了大埔鲤鱼灯的独特魅力。总体来看，出去巡演和表演的多，有针对的交流与学习的活动较少。

近年来，大埔县文化馆积极挖掘、整理民间传统艺术，使别有风采的"百侯鲤鱼灯"脱颖而出，焕发出夺目的光辉，成为人民所喜爱的一种民间艺术。

三、五华竹马舞

1. 历史渊源

古时，骑竹马是流传于中华大地的一种风俗，相传最初的竹马舞表演内容源于《封神榜》的故事，根据姜子牙结婚时用竹马载新娘的情景演变而来。最早记录它的文献是《后汉书·郭伋传》。这种风俗起始于新石器时代至西汉时的北方游牧民族。东汉以后，其作为孩子们的一种嬉戏方式得到提倡，而且在民俗事象中加入了很多人物内容和政治色彩。大唐时期是"竹马"入诗的新阶段，因此有了"青梅竹马"的说法，也是"竹马"开始走向戏剧的时期。唐代以后演变和发展为"舞竹马""舞竹灯"等多种艺术形式。竹马也由儿童游戏时的一根竹竿或木棍演变为竹篾制扎、以纸糊成的马头。

竹马舞，俗称"打马灯""舞竹马""骑竹马"，是广东省梅州市五华县民众在元宵之时表演的民间艺术。据《五华县志》记载，五华竹马舞起源于唐代江浙一带，明末清初传入五华县北部，距今已有600多年的历史了。在五华，有这样一个传说：从前，有个宫廷乐师被降职而流落民间，元宵节看见每家每户张灯结彩，于是他模仿宫廷皇室外出的场景，以绿竹为材料制作马、牛、鸡、鹅、鱼等形状的六畜①灯。男子骑马，称竹马郎；女子坐车，称竹马娘。侍女撑伴伞，敲起锣打起鼓来闹元宵，非常热闹。这就是当下群众热爱的舞蹈——五华民间的竹马舞，竹马舞以六畜灯领路，寓意六畜兴旺。明朝初年、清朝是竹马舞流行的鼎盛时期，较大的村落都有一群人专门组织排练，竹马舞深受群众喜爱，很快普及到五华县北部、南部、中部地区的大小村落，成为人们逢年过节、办喜事不可缺少的文化活动。

2. 竹马舞道具的制作

竹马舞表演道具一般有竹马、舆车、幌伞、鲤鱼灯、鸡灯等。五华竹马造型逼真，形体高大，"竹马"高0.9米，长1.2米，跟真马相似。竹马头

---

① 六畜在传统文化中一般泛指家畜，除了马、牛、羊、猪、狗、鸡六种家畜外，还包括骆驼、驴、鸭、鹅等家畜家禽。

以竹篾制扎，用纸糊成，有鼻有眼，有耳有鬃，用白或黄、红、黑、棕等颜色的纸剪成纸絮作"马"的鬃毛，与真实的活马头部很相似。马身一般用竹篾扎成骨架，外面糊纸缝布，缝布围脚，中间上下穿空，舞者立其中，挂竹马于腰上，手提缰绳，如骑马状。舆车，以两支竹竿串上两块画有车形的方形布，竹马娘（旦）立于其中，左右腰间各系一轮，作坐车状，丑角在后，手推轮柄，以示推车。鲤鱼、鸡、鸭、鹅各种灯均以篾扎纸糊，内空装灯。五华竹马舞的道具制作精巧逼真，费工费时，难度大，艺术价值较高。以绿竹制成马、牛和鸡、鹅、鸭、鱼、兔等款式的六畜灯，寄寓六畜兴旺之意，乘元宵及各种佳节，敲锣打鼓，张灯结彩，营造欢乐的气氛。

3. 活动内容

竹马舞演出场面宏大，角色众多，共 13 人，风格诙谐风趣；竹马郎（骑马）1 人，竹马娘（坐车）1 人，武士（竹马娘随从，骑马）1 人，撑浪伞 1 人，推车 1 人，丑公 1 人，丑婆 1 人，随男随女 6 人。竹马队伍所到之处，家家户户便敞开大门，喜迎竹马。在欢乐的乐器声中，竹马郎穿着袍骑着竹马，竹马娘摇着扇子坐着舆车，丑婆手拿罗帕张口欢笑，丑公弯腰手推舆车，侍女俏打幌伞，俏妹头顶光亮六畜灯，俊男吹笛，全体表演者载歌载舞，表演过程一直变换队形，场面浩大，表演精彩，使人印象深刻。

竹马舞以笛子、唢呐为领奏乐器，伴奏乐器有高胡、二胡、扬琴、三弦、低胡、击乐、锣鼓、大锣、大钹等，具有伴奏音乐的独特标志。音乐曲谱为热烈豪放的汉族歌调，加上元宵观灯为主的歌词，热热闹闹，喜庆连连。五华竹马舞的唱腔曲谱独具一格，有浓郁的乡土气息和热情奔放的情绪，对白用客家方言，演奏曲调优美，热情奔放，动听感人。每到元宵佳节，各村各寨敲锣打鼓，聚集人马，创建竹马舞队伍，游历村村寨寨，所到之处，每户都燃放鞭炮，热热闹闹，一片欢乐祥和。

目前五华竹马舞的作品有 20 多个，主要有《新舞调》《观灯调》《问调》《丑腔》《金牡丹》《菊花香》《十二月古人》《对歌》《梳妆》《送郎》《客家妹子回娘家》《旅游请到五华来》《姐妹祝寿回娘家》等。

图 2 - 61　竹马舞表演之一①

图 2 - 62　竹马舞表演之二

---

① 竹马舞的相关图片由五华县文化馆提供。

图 2 - 63 竹马舞表演之三

图 2 - 64 竹马舞表演之四

4. 传承与发展

五华竹马舞源远流长，有着六百多年的悠久历史，艺术特点突出，自成体系，艺术生命力较强，具有很高的研究价值。传承至 20 世纪三四十年代，日本侵华战争爆发和解放战争时期，由于战争不断，五华竹马舞的表演一度低落。中华人民共和国成立后，各个乡村逐渐组织竹马舞表演队，逢年过节、办喜事又舞起了竹马舞。同时，大力宣传建设社会主义的优越性，大队、生产队的好人好事，等等，成为广大农村优秀的文艺宣传队。"文革"时期，五华的竹马舞表演队严重受挫，再度销声匿迹。"文革"后，相关人员在保持传统竹马舞风格的基础上，加强故事性，丰富舞蹈动作，使之再次焕发生机——元宵佳节之夜，在欢乐的气氛中观灯、唱花灯和赛歌，在男女丑角诙谐风趣的指导下，以人唱灯，以花说情，情景交融，最后以男女丑角牵线，竹马郎竹马娘在灯场定情，呈现载歌载舞、喜闹元宵的欢乐场面。

随着社会的不断发展，大多数人都走向经济较为发达的大城市，渐渐忽略了家乡的风俗传统，留在农村里的多数是老人、小孩，组织竹马舞表演队越来越困难。至 20 世纪 80 年代左右，竹马舞表演队伍已经是少之又少，而且逐渐减少了竹马舞的活动内容，华城、新桥等地的竹马舞表演仅集中在元宵、中秋等节日。至 2005 年国务院办公厅下发《关于加强我国非物质文化遗产保护工作的意见》，国务院下发《关于加强文化遗产保护的通知》，明确了非物质文化遗产保护的方针和政策，五华竹马舞迎来了新的发展生机。

五华县文化主管部门为发展竹马舞表演艺术，组织相关人员对竹马舞进行进一步挖掘、整理、加工和提高，鼓励各镇各村人民积极参与，也加大了资金投入。为了保护五华竹马舞，相关部门采取县、镇、村三级保护措施。如果是县组织汇演活动，由县拨款给代表队；如果是镇组织活动，则由镇拨出专款；由村组织活动的则由村组织的企业家、乡贤代表赞助资金，使活动得以圆满完成。

五华新桥镇的竹马舞代代相传绵延不息，鼎盛时期曾有 22 个演出班子，遍及各个村寨，经常深入各镇、村、寨甚至邻县演出，百姓在劳动之余观赏竹马舞，可愉悦心情，促进友谊，增添乐趣。近年来，五华竹马舞多次受邀到台湾、云南等地参加演出，受到当地民众的喜爱。每年还有大量来自国内港澳台地区和新加坡、马来西亚、印度尼西亚等地的客家人前来观看。在五华各地的广场上也经常能看到有人在表演竹马舞。由于竹马舞的表演不受人数、年龄限制，很多公司、团体和个人争相学习竹马舞，竹马舞也走进了很多中小学的课堂。经过长期的创新，五华竹马舞曲调欢快、动作简单，还与客家山歌有机结合，颇具客家风格，深受人们的喜爱。竹马舞丰富了人民群众的文化生活，为构建社会主义新农村起到推动作用。

现如今竹马舞可作为元宵佳节的灯戏，也可在广场或舞台上连续演出两小时的节目，成为一种群众喜爱的民族舞蹈。其主要分布在五华区域的新桥镇、华城镇、潭下镇、岐岭镇、转水镇等镇，五华竹马舞有一定的群众基础，特别是地处五华北部的新桥镇，竹马舞得到较好的传承，发展到村村寨寨均有一支较高水平的竹马舞表演队。他们走出了一条农忙时节种田、农闲时节排练，逢年过节、婚姻喜庆活动中登台表演的业余文艺发展之路，有效地丰富和活跃了当地人的文化生活，有力地促进了当地经济与社会的发展。2000 年时，五华的新桥镇被广东省文化厅誉为"广东省民族民间艺术之乡"。2004 年，五华民间的竹马舞《姐妹祝寿回娘家》参加梅州的第一届国际山歌节获得表演金奖、创作一等奖等奖项。2005 年 11 月，竹马舞《客家妹子回娘家》参加广东岭南民间艺术表演获得银奖。2006 年元宵节，五华代表队民间竹马舞《旅游请到五华来》参加梅州市山歌旅游节获得一等奖。2006 年 2 月在云浮市举行了广东省民办艺术表演，五华人型民间竹马舞《客家妹子回娘家》获得金奖。2007 年，竹马舞先后被梅州市（第一批）和广东省（第二批）人民政府批准列入非物质文化遗产名录。年近 60 岁的罗爱青为五华竹马舞的第 23 代传承人，她自幼喜欢竹马舞，于 1980 年正式拜师学艺。

五华竹马舞虽然经受住了历史考验，积累了丰富的创作，顽强地"存活"了下来，但由于受到经济大潮的冲击，大部分竹马舞艺人纷纷转行，老艺人年龄渐老，青年人不愿意学，致使民间竹马舞青黄不接。同时，西方的竞技体育文化的引入，使群众目光都投向竞技体育，对其民族文化的兴致大跌，很多村已经很少举办竹马舞活动。此外，现存的

竹马舞表演撤销了一些表演道具与设施，其伴奏乐器只剩下锣鼓及大钹；竹马彩车也消失了，换成了机械化的汽车；六畜灯的数量也下降了，只有代表六畜兴旺的鸡、鸭等。虽说设备现代化了，但内容简化、仪式从简，竹马舞渐渐失去原有的活动意义。这些在一定程度上制约着竹马舞的传承和发展，如不加大抢救、保护和传承的力度，则其濒危状况难以改变。

四、蕉岭莲池舞

1. 历史渊源

打莲池是广东省梅州市客家地区至今仍然盛行的"香花佛事"项目之一，是粤东地区"香花佛事舞"在民间流传中不断发展形成的佛教舞蹈，用于为死亡的妇女超度亡魂，是专为女性亡者设立的人生礼仪宗教舞蹈。

莲池舞源于佛经《目连救母》的故事：佛陀大弟子目连（佛教人物，释迦十大弟子之一）为救母亲脱离地狱（莲池），持神通广大的法宝池杖（锡杖），破地狱救母，宣扬佛教慈悲的含义。目连是个既孝顺又很慈悲的人，从小就诚心向佛，后来出家当了和尚。他虔心习佛，修行日渐高深，甚至具有神通眼的能力。因为惦念过世的母亲，他用神通眼看到其母因在世时的贪念业报，死后堕落在恶鬼道中，在地狱里过着吃不饱的生活，遭受饿鬼倒悬的苦刑。于是目连千辛万苦地赶往地狱，用他的神力化成食物，以钵盛给母亲充饥，但其母不改贪念，见到食物到来，生怕其他恶鬼抢食，贪念一起，食物到她口中立即化成火炭，无法下咽。

目连虽有神通眼，却救不了其母，看着自己的母亲受煎熬，内心痛苦不堪，便立刻求佛陀指点他营救母亲脱离苦海。佛陀说："你母亲生前自私刻薄，不做善事，罪孽太深重了，所以才会有这种报应。要救她，不是你独自一人能办得到的。七月十五日是结夏安居修行的最后一日，法善充满，你必须在七月十五日当天，为各地的出家人准备百味五果，供养他们。这样，集合了所有僧侣及众神的威力，不但可以救你的母亲脱离苦海，早日投胎，也可以解救别人的父母，让他们也脱离苦难。"

佛陀为他念《盂兰盆经》，嘱咐他七月十五做盂兰盆以祭其母。于是目连按照佛陀的指示，举行法会，诵经施食，终于解救了其母的灵魂，并普度了别人的父母。佛教称之为"盂兰盆"法会。近代献瓜果、陈禾麻以祭先祖，固然有尝新的含义，也是盆祭的遗风。

据传，莲池舞的创始人为牧原和尚（梅州兴宁市人，举人出身，中举后到曹源寺出家，创立"横山堂"学说，曾主持兴宁、龙川、江西、福建等地的庵寺，广收门徒，传播教义，其流派传入泰国等东南亚一带）。其创作该佛教舞蹈的目的，是通过在丧事中表演莲池舞，运用唱、跳、念、做这些花样繁多的动作手法，转移死者家属的注意力，减轻对死者的哀思。莲池舞是客家重要佛事活动香花舞的组成部分，清乾隆十八年（1753）传入蕉岭，由蕉岭白马寺第六代传人传入并授徒林福祥（第七代），再传给千松庵弟子释盛辉（俗名徐六妹，第八代），至今有260多年的历史，并逐渐发展成为一种独立的佛事舞蹈。2009年10月16日，打莲池被广东省人民政府批准列入非物质文化遗产名录。

2. 基本内容

（1）表演形式：

在庵庙或灵堂前，由3～24名僧（尼）表演曲目。音乐以流水板、短字板、两下半鼓、快板、长七字歌、仰启慢板、禅板、普庵注板、一下半慢板、锣鼓快慢板等为主。唱词有固定唱本，亦可即兴发挥，褒贬现场人物，教化味浓重。乐曲哀婉，随表演者动作演唱，营造氛围。

莲池舞以锣鼓打击乐和清唱，边唱边舞，动作包括唱、跳、念、做，花样繁多。表演者必须完成告佛、行三途、双龙出洞、打三宝、请十方、普庵注、吩涅槃、四教主、爷叹、叹目连、送天王、撒香水、莲池海会等。动作有滚杖花、滚腕花、跪地盘花等，并有一定的互动性。斋嫲表演时，死者亲属须跟随表演者做一些动作，寓下地狱（莲池）救母之意。

图 2 - 65　莲池舞表演之一[1]

图 2 - 66　莲池舞表演之二

（2）表演内容：

"打莲池"时，由僧（尼）在超度女性亡者的佛场上设一个直径约三尺、状似莲花的纸质圆圈，外沿四方有四种 4～16 朵开放的纸质莲花，分别代表东西南北四个方向。上场表演的僧（尼）一般 6～8 人不等，但必

_____

① 　莲池舞的相关图片由蕉岭县文化馆提供。

须是偶数。其形式是一位和尚身披大红袈裟，右手持锡杖（也叫池杖、莲池杖），杖环上穿有数枚铜线（最初为左右侧各三枚铜钱，后改为铜线圈，若没有铜线，则用钥匙环代替），左手拿红布包着的铜环，环内放一铁珠。与之相对排列的斋嫲身穿黑色戒服，全都手执摇环。僧（尼）边演边唱佛教的"目连救母"故事，教育后辈敬重母亲，牢记母亲的养育之恩。

　　"打莲池"包含"告佛、引亡、游狱寻母、打莲池、驱魔、散香水、救母出地狱"等十多个环节。首先，僧（伲）排成一行，恭敬地站在菩萨佛像面前鞠躬行礼之后，手中禅器齐齐敲击，韵律相和佛号、佛经，叩请天地十方菩萨，继而法师带领斋主家三位女性孝眷将香炉、魂幡从灵屋请到法坛，并央请池坛土地伸天达地，传奏"游狱"开始，围绕莲池将亡魂引到莲池中央，这个意为告佛、引亡环节。然后，僧（尼）口唱佛曲、手舞禅杖，在佛堂四周行走游动，对着"莲池"相对起舞并快速变换队形，以"持金锡、降龙虎……""目连尊者去寻娘，不知流落在何方，天堂大路无寻处，地狱门前哭一场……毫光灼破铁围山，锡杖烤开莲池门……""目连尊者告如来，锡杖三敲地狱开，任汝铜墙并铁壁，一时打破化尘灰"等内容边演边唱，时而相对顿杖摇铃，时而背靠禅杖火把交错，禅杖"哗啦"作响，珠杯"叮当"有序，使"游狱寻母、打莲池、驱魔、散香水、救母出地狱"等多个表演环节互相兼容，环环相扣。

　　"打莲池"有"单莲池"（两人）、"双莲池"（四人）、"六角莲"（六人）、"八角莲"（八人）等形式。因参加人数的不同，各自显示出不同的艺术效果。在这多种表演形式中，"八角莲"是最大型也最具形式美的表演。表演以一个纸扎的"莲池"为中心，由八位僧尼围绕莲池演绎"目连救母"的故事，同时完成超度死者的仪式。打莲池中"打"的动作丰富多样，令人眼花缭乱。"打"者一手拿锡杖（目连尊者的法器），一手拿珠杯，以执杖摇杯、举杖划杯、横杖跪拜、抢舞杖花、指转杖花、池杖绕背、杖凿狱门、舞香背香、鼎指端碗等十几种动作变化为表演形式。在整个表演过程中，"打"通过这十几种动作交替进行，并且每种动作所用的道具不断变化，其中有锡杖的"∞"形舞花，有珠杯的上下摇动，有持香、火把的交替上下、左右绕"∞"形舞花，还有配合旋转的撒米、散花等动作。

图2-67　莲池舞表演所用的道具

图2-68　莲池舞表演所用的禅杖和珠杯

3. 特色特征

莲池舞是为死者超度亡魂的佛教舞蹈，地点在灵堂，时间在晚上，上半夜念唱经文，下半夜表演舞蹈。无论是道具还是唱词及服饰，都带有浓厚的佛教色彩，具有劝善惩恶，宣传驱难报恩、敬老孝道的社会意义，旨在阐发佛家的教义。打莲池的对象是客家妇女葬礼，表演者斋嬷的服饰为黑色大襟衫、黑长裙，道具是莲池杖、珠杯、小锣、小钹等。①莲池杖，长120厘米的硬木圆棍，杖头套有呈三层三叉形的铁叉，长约23厘米，顶部系红布；杖尾套有锥形铁皮，长12厘米。②珠杯，银制，高7厘米，杯口直径6厘米，固定在长10厘米的木柄上，外包红布，并用绳锁紧，杯内装有铜钱三枚。③大铙钹，铜制，直径30厘米，钹脐高3厘米，直径5厘米。④小铙钹，铜制，直径12厘米，钹脐处穿孔系有一条绳子将两钹连接起来。⑤大锣，铜制，直径25厘米，锣沿有绳。⑥小锣，铜制，直径8厘米，固定在有柄方铁框内。⑦案桌，两张方桌并排拼起，前面围有绣着龙纹花草的红色布屏，案上后部供有佛像，前部摆放香火灯盏、贡品及木鱼、戒尺、大磬等法器。⑧莲池盆，铁盆扣地，铁盆四周用专用彩纸粘贴成圆圈状。盆底上摆香炉插香火；圈内插6枝红白纸花；圈外摆14个装有米和水的碗、4个装有糖果的小盘。⑨竹竿，长160厘米。

4. 重要价值

莲池舞是蕉岭客家珍贵的民俗文化，它传承发展于蕉岭，并扎根于民间，在蕉岭地区流传了260多年，是群众喜闻乐见的民俗文化。莲池舞是蕉岭客家人继承发展中原伦理文化的反映，表现了客家人的孝道精神。像中原汉民族一样，蕉岭客家人讲求仁义孝道，敬畏天神，重视丧事礼仪，莲池舞表现了儿女对母亲的孝道和生者对女性的尊重。莲池舞具有研究客家民俗学的特殊价值，它从一个侧面表现了客家人的精神、信仰、价值取向，民俗艺术特色突出。莲池舞的表演动作、道具、曲调唱词特色鲜明，具有佛教含义，又有民俗文化色彩，两者相融合，达到教化、宣传和慰藉心灵的目的，十分罕见。

5. 传承与保护

（1）申报保护工作：

蕉岭县非常重视非物质文化保护工作，成立了非物质文化遗产保护中心，专门组织人员对莲池舞项目进行挖掘、整理，传承保护；在全县范围内对莲池舞的传承人及其表演活动进行调查摸底。在蕉岭县太平宫、千松庵等莲池舞传承人的大力支持下，通过完善资料、撰写申报材料，由县文化馆向县人民政府申请，于2008年被批准列入蕉岭县级非物质文化遗产名录；同时向梅州市人民政府申报，于2009年被梅州市人民政府列入第二批市级非物质文化遗产名录；2009年向省文化厅申报，被省人民政府批准列入第三批省级非物质文化遗产名录。

现如今，"打莲池"在办丧事时主要以表演"双莲池""六角莲"为主。"双莲池"表演有时是四位僧人，有时是四位斋嬷，有时是两位僧人、两位斋嬷。"六角莲"表演时有时是六位僧人，有时是六位斋嬷。将"打莲池"搬上舞台后，表演者多见八人（斋嬷），均身穿黑色戒服。其中四人手持莲池杖；另外四人，有的持珠杯，有的持小锣，有的持小钹；持莲池杖者与另外四人穿插站位。唱词以"观音头上一枝花，普陀山上坐莲花"为起始，表演时长约6分钟。莲池舞流传到现在，由于人们生活方式的转变，带来了生存空间的改变，传统的表现内容与现代生活脱节，表演者及观众趋向老龄化，后继乏人，出现青黄不接的传承危机。特别是由于莲池舞只适合于特定场合表演，观众少，目前还没有统一的传世模式，传承发展困难。

图 2 - 69　莲池舞传承基地太平宫外景

图 2 - 70　莲池舞传承基地太平宫内景

图2-71　莲池舞传承基地挂牌　　　图2-72　太平宫是多个文化活动基地

（2）传承基地建设：

莲池舞的传承活动，有比较严格和清晰的传承体系。为了更好地传承保护莲池舞省级非遗名录，蕉岭县与太平宫合作，设立了太平宫莲池舞传承基地，负责人丘春蓉。文化馆干部经常到传承基地开展传承活动。

（3）代表性传承人：

牧原和尚始创莲池舞后，经过历代传承人的传承，莲池舞得到延续和发展。林福祥，第七代传人，由蕉岭县白马寺第六代传人传授。第八代传人千松庵弟子释盛辉，深得林福祥师公真传，出生后100天即被送往梅县松口大东南寺，14岁回蕉岭县千松庵至今，一生从事发展莲池舞，为该舞蹈的流传光大做出了贡献。林荣标，第八代传人，三岁在印尼椰城同福堂出家，八岁回国，在梅县阳东岩寺拜唐增珍为师，"文革"时还俗，1980年又返庵从事莲池舞，主持蕉岭县高台庵，对莲池舞的发扬光大有一定贡献。丘春蓉，1968年生，莲池舞第九代传人，蕉岭县文福人，1980年出家于七圣宫，对莲池舞有一定的研究。黄雪玲，1969年生，第九代传承人，蕉岭县蓝坊镇人，1983

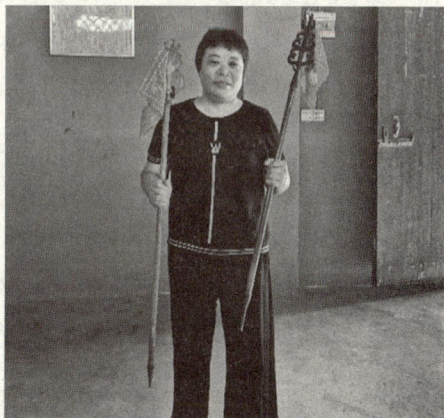

图2-73　第九代传承人丘春蓉

085

年出家于千松庵。丘雨琴，第十代传承人，徐凤乡人。黄婷新，第十一代传承人，蕉岭县蕉城镇人，1993年出家于扬子宫。丘春苑，第十一代传承人。目前，太平宫最小的莲池舞学习者仅12岁。

图2-74　莲池舞表演团队成员合影

（4）传承活动：

蕉岭县全县八个镇均开展莲池舞活动（长潭镇、新铺镇、南礤镇、蓝坊镇、蕉城镇、广福镇、文福镇、三圳镇）。1990年，蕉岭县文化馆专门组织专业人员到蕉城千松庵挖掘整理、改编莲池舞，改编后的莲池舞表达了目连母子的生活情趣，天上人间充满了母爱。2008年，蕉岭县相关部门组织人员对莲池舞进行改编，并编排出具有现代舞蹈色彩又不失传统元素的莲池舞，在参加梅州市第六届艺术节和蕉岭县艺术节展演时，获得好评。2015年，县文化馆重新创排莲池舞，10月17日参加梅州市"非遗大观年·蕉岭之夜"演出，再现莲池舞的风采，让观众重新感受到了佛教舞蹈的魅力。据传承人丘春蓉介绍，一个成熟的莲池舞表演者需要进行一年多的刻苦训练才能达到表演的要求。一般的莲池舞表演至少需要9名表演者，这些人平时都有自己的事情要做，有表演的时候则集中在一起训练和彩排。

五、兴宁马灯舞

1. 历史渊源

据兴宁市民间协会主席黄红亮介绍，马灯舞俗称"打马灯"，马灯舞源于东汉末年，明清时期由江西传入梅州客家地区，至今已有600多年的历史，主要分布于兴宁市大坪镇，是大坪最早流行的舞蹈，随后逐渐演变成具有客家特色的传统民俗舞蹈。马灯舞是客家先祖为纪念、弘扬、发展、传承中原文化而形成的具有独特表演艺术形式的客家民间传统舞蹈。马灯舞的演出一般集中在春节和元宵节期间。其经典作品有：传统曲目如《十二月古文》《打五更》《拆字》等，新创曲目如《仙女下凡颂公社》《歌唱教育发展好》《城市小姐恋山乡》《改革开放气象新》《欢天喜地迎新春》等。

2. 马灯的制作

马灯舞的红、白两匹马的马身由竹篾编织而成，长约1.4米，一般用白布或者红布作为其外观装饰，再配上其他装饰物；马背中间通常有一个孔，能容纳一个骑着进行表演的人，并用布条伴在肩上，表演者把马套在腰间，腿以下部位隐在马身中；在马身两侧各挂一块画有穿长靴的人腿的画布，让表演者看起来就像真的在骑马一样。

3. 表演内容

梅州市第三批市级非遗传承人罗耀华介绍："兴宁马灯舞表演是模仿皇帝女儿在民间游玩的场景。"马灯舞可在乡村的文化广场进行表演。马灯舞主要有马灯小姐（花旦）、两个马郎官（生）、打浪伞小丑（丑）、车夫（末）、丫鬟（青）、引路长者（举灯笼）等，有纸马、花车、鲤鱼、雄鸡、花扇、丝巾等道具，同时有锣鼓、二胡、笛子等乐器伴奏。

图2-75　马灯舞表演中的白马（左）、红马（右）①

图2-76　马灯舞表演队伍中的各种角色

①　图2-75、2-76由兴宁市文化馆提供。

马灯舞含"十二月古文"（打四围）、"拆字"、"打五更"、"补缸"四个环节，表演者用客家方言歌唱农民辛苦耕耘、相亲相爱的幸福生活。其中，每一环节均有一定的寓意："十二月古人"，即从正月唱到十二月；"打五更"，即夜以继日的劳作，均是歌颂当地群众一年四季不辞辛苦的创业精神。"拆字"体现的是农民的情感，反映客家人相亲相爱，生活和谐、幸福。"补缸"反映了客家人不拘泥于当地，素有外出谋生、寻求不同发展的创业志向。现如今，马灯舞在少儿中也得到一定传承，其歌唱内容主要是读书、爱国、快乐、孝顺、爱劳动等方面，尽显客家青少年积极向上、奋发图强的一面。歌词有"读书先立爱国心""马灯歌舞乐其中""爱国孝母表寸心"，等等。

4. 传承与发展

马灯舞是兴宁大坪镇最早流行的民间舞蹈。清末民初，因江西的采茶戏、花鼓戏艺人来兴宁大坪卖艺，先人为丰富活跃山里人的文化艺术生活，编练了简易的马灯舞。1905 年，大坪镇屏汉村的罗柏章等带领学生和农民最先取材于民间传说，编练了马灯舞：天上玉皇大帝视察民间疾苦，同行的还有乘坐花车的公主、乘坐两匹战马的四个卫士、公主的两个丫鬟、为公主司伞的浪伞小丑，他们来到了人间，当地长者在星夜为其举灯引路。20 世纪 20 年代初，大坪镇屏汉村的罗柏章、罗启生等人，结合童话故事的传说，编练了"十二月古文""打五更""拆字""补缸"等内容的马灯舞，经广泛传播，祠堂、大塘、朱坑、黄坑、白云、吴田等村，均编练马灯舞并一直流传至今。1958 年冬，大坪的马灯舞《仙女下凡颂公社》参加全国业余文艺汇演汕头赛区演出，获得一等奖。

大坪镇是兴宁市西北角的一个山区乡镇，由于马灯舞具有传统的独特风格，有恭祝民间添灯发财的好兆头，每当春节至元宵之际，演出最为繁忙，如今随着岁月的迁移，这一艺术已发展到周边地区。传承人罗耀华表示，在马灯舞鼎盛时期，大坪镇十几个村都有马灯队，大家都热衷参与，也都特别爱看。

但如今，随着时代的发展，马灯舞的表演日渐式微，传承人青黄不接、后继乏人。能把整首传统的马灯舞词曲都写出来的人，屈指可数。

兴宁市文化馆馆长陈小莉表示，面临如此困境，若不采取有效措施，

马灯舞很快就会退出历史舞台。以前过年过节，或者哪户人家有喜事，就会请马灯队来表演，如今过年都很少见了，更别说平时了。如今留在马灯队的都是四五十岁的大叔大妈，他们有的是生意人、保姆，有的是全职妈妈，等到有演出时，大家才聚在一起排练。为了达到演出效果，都是提前两个月准备，每天晚上利用业余时间进行排练。罗耀华说，如果再不传承，马灯舞将面临失传的危险。

对于客家人来说，马灯舞具有认同价值，古式古装的马灯舞使村民及出门打拼的客家人产生无限的思乡情。马灯舞也是客家文化的重要组成部分，具有其独特的艺术特色，保护马灯舞对于丰富客家文化内容具有重要意义。2011年，马灯舞被列入梅州市第三批市级非物质文化遗产名录。

近年来，为了顺应时代的发展，兴宁各级政府部门加大了对马灯舞的传承保护力度，引导民间艺术家通过不断完善传统的马灯舞词曲，创作马灯舞内容词本、山歌剧、客家山歌等形式，使马灯舞焕发新活力。同时对马灯舞进行创新改编，原本2小时的表演压减成6分钟；内容方面，"十二月古文"改成"打四季"；角色方面，配舞由4名增至16名。在表演人才培养方面，兴宁组织各村曾演练过马灯舞的人才，提供历史资料，定期培训新人。

文化馆以"文艺四进"的形式，同非遗工作相结合，多次派出辅导干部下到各乡镇辅导演员排练马灯舞。陈小莉说："通过举行'传承进校园、进乡村、进社区'的活动，我们想利用传统马灯舞曲调结合现代题材、红色题材编写适合中小学生表演的马灯舞。"

此外，大坪镇中心小学成立了非遗少儿传承队，将传统的表演节目少儿化，在保留马灯舞内涵及表演规则的前提下，改编成更适合少儿表演、展现青少年健康向上精神面貌的主题，制订了一系列表演方案和计划，作为学校保留表演节目进行长期展示演出。2019年，大坪镇中心小学在"迎新春、颂党恩、展新貌"2019年大坪镇春节文艺汇演中表演了马灯舞《我爱我的祖国——母亲》。通过不断创新，表演形式也在不断变化和完善，马灯舞逐渐彰显出新的生命力和吸引力。

六、蕉岭广福船灯舞

蕉岭县，旧称镇平县，位于广东省东北部，韩江上游，闽粤赣交界处。广福镇位于蕉岭县城北部，全县有人口 20 多万，另有海外侨胞 50 多万，有"世界长寿之乡"之美称。

1. 历史渊源

明清时期，客家船灯舞盛行于闽西、粤北、赣南等地。清光绪年间，福建武平县的船灯艺人林景友到广东蕉岭县广福镇传授船灯舞，先后收罗德如、罗志杰为弟子，从此"广福船灯"迅速发展，并形成自身特色，在蕉岭县流传至今。

船灯这一特色文化，在广福一直受到民众的喜爱，关于船灯这一古老民俗文化的艺术传说在民间主要有三种说法，其中，第一种说法在当地广为流传，并得到人们的普遍认同。

第一种说法是清乾隆年间，乾隆皇帝游江南时，乘坐的龙船行至东南沿海的福建海边突遇狂风暴雨，刚好当地一老渔翁携孙子正在捕鱼，危难之中，爷孙俩迎风破浪把皇帝救起。为答谢渔翁的救命之恩，乾隆皇帝特敕书"渔家乐"三字，并赠夜明珠一颗，以示恩宠。当地渔民把皇帝御书"渔家乐"挂在祖宗牌上祭祀，奉若神明，并以此事绘制"彩船"，每逢新年、元宵之际，撑船起舞，庆丰收，唱太平，表达对丰收的喜悦之情以及对美好生活的向往，一直沿袭至今。

第二种说法是，清朝康熙皇帝忧国忧民，尤其为台湾战局寝食不安，便乔装到达江南一带视察民情战情，获悉清军征台（湾）过程中死伤甚多。为祭奠征台牺牲的将士，皇帝不顾危险驾临福建汀江一带，路上突遇狂风暴雨，幸有渔民公孙俩奋勇将他救起，并在得知皇帝真实身份之后竭力保护其不受刺客杀害，最后将其安全送到江北。为赏赐公孙的救驾之功，皇帝特赠夜明珠一颗，并亲笔题赠"渔家乐"金匾和"圣旨"金牌各一，以此形式来表达皇帝对天下太平、渔民对美好生活的追求和向往。后人对皇帝的恩赐感恩戴德，所以排演船灯舞以纪念此事。虽然史书和典籍对这一传说同样缺乏完整的记载，但从船灯船舱尾部正上方镶赐匾"渔家乐"三字，还有"行舟驾入仙人境，鼓箫奏出太平歌"对联的船体构造和

装饰中，可寻求这个传说渊源的蛛丝马迹。

第三种说法是史实记载的。据《福建省志》记载，清代顺治年间，帝祭澄江毕（即祭奠征台牺牲的将士），急回京都，驾临福建汀江一带，忽然风浪大作，无法过江，一渔翁勇摆渡帝至江北，帝回京后命乐府作"渔家乐"曲牌，并赐金匾"渔家乐"一块和夜明珠一颗，以此感谢渔家。

三种说法的共同点都是以清朝皇帝微服私访遇难，百姓帮助其脱离危险，皇帝报答渔民救助之恩为载体。不同点是第三种说法是史书记载，言简意赅，可靠性较强。其他两种说法主要为民间传说，更符合大众口口相传的意愿与特点，而且语言表达的色彩较为浓重。

2. 广福船灯的制作

船灯骨架由专业的师傅制作，采用木料、竹篾、绸布等原材料制作而成，成品重30～50斤，具有耐磨结实的特性，可反复使用。船身约3米长、1米宽，中间设有高约1.6米的船舱，前后为门，左右为窗，顶部依据当地客家祖屋建筑样式制作出精美的舱顶。船灯的船檐与四壁装饰着各种鲜艳的彩纸和花朵。左右窗贴有各种花鸟、人物的画像（见图2-77至图2-79）。前门贴有对联，例如：国安享太平，家和万事兴。后门常挂着一面梳妆镜，这是由于位于船尾的是艄婆，所以在船尾放上一面镜子用于艄婆装扮。船舱前后门用大块彩色绸布制作成门帘加以遮挡，船舱内扎有结实的布条，便于驭船者用肩挑起整个船体。为了使驭船者便于移动船体，船无底，并且底部装有四个铁式轮子，方便人带动船体的移动，船体底部用彩布蒙上，并且彩布长过船底，用以遮盖表演者的脚，有"水布"之称。另外，在船头还安放有红色木箱，题字"恭喜发财"，顶部开口，在讨彩头的同时，可存放红包，兼具实用性。在船尾处和船舱顶部用竹篾将之相连，并饰以彩带。为使表演更加逼真，船桨是必不可少的表演道具，其做工讲究，通常漆成大红色以增添节日气氛。艄公（见图2-80）和艄婆使用的船桨也有所区分，艄婆的船桨在顶部系有红丝带，体现出了女性的柔美。

图2-77　标有"渔家乐"的船头①

图2-78　船的侧面

图2-79　挂有梳妆镜的船尾

图2-80　艄公立于船头

093

3. 广福船灯的表演程式和内容

　　船灯表演具有相对固定的程式，但根据不同的表演场合，会稍作变化。首先，在前往演出场地的途中用锣鼓钹反复演奏《过江龙》来吸引观众，营造声势。到达场地准备就绪后，演员说一段开场白，例如："新年春色好风光，歌舞升起来到贵地方，船灯歌舞演一出，十番（班）音乐奏一场。"接着，乐队演奏《八板头》，演员表演整理衣物——模仿挽衣袖、裤边的动作，之后分别登入船头、船尾，登船后演员划桨起舞。驭船者则

　　① 图2-77至图2-81由笔者和学生共同拍摄。

不露面，在演出前便隐藏于船舱之中，表演时挑起整个船只，需要完成停船、泊船、行船等动作。《八板头》结束后，乐队奏起《渔家乐》，演员们开始演唱，并绕场地表演，与群众眼神互动交流。在演出过程中，演员们边唱边演，其间演唱多首民间小调，并多次自由转换船头方向，表现船只在弯曲的河道上行进的场景。最后，曲终船到，拖船上岸，整个船灯演出所需的时间为 1～2 个小时。

图 2-81　蕉岭县龙门广场的船灯表演

图 2-82　蕉岭广福镇文体广场的船灯表演（蕉岭县文化馆提供）

　　船灯的舞动一般由三人表演，也有四人表演的。三人表演的情况是，一人藏于船舱操纵船只，一人在船头表演，称为"艄公"，另有一人在船尾表演，称为"艄婆"。而四人表演的情况是，表演时船里要有一人操船，另有生、旦、丑等角色，生即船公，旦即船女，丑角即艄公（或者说船公、船妹、船郎、挑船者四人表演）。表演时，将船体舞动，前后左右行进，停靠摇摆自如，全由操船者控制，舱内舱外表演动作娴熟，配合默契，表演者配合道具模仿划船动作，操船者扶着"船灯"有节奏地上下、左右、前后摆动，模仿船在水中飘荡的情景，两者动作协调，自始至终给人以"船在水中行，人在船中舞"的韵味。

　　4. 传承与发展

　　船灯舞这一具有浓郁民间风情特色的客家民俗始于清朝，距今已有 200 余年历史了，主要流传于闽粤赣的广大客家地区，其中以闽西最为盛行。因蕉岭广福连接福建武平，毗邻江西边境，同是客家地区，经贸物质文化意识相传互通，船灯舞于清朝时从福建闽西传入，并流行于广福镇的石峰、铁坑等地。广福当地群众每逢春节、元宵、端午、中秋以及喜庆丰收之时展演船灯舞，以此来庆祝节日，表达丰收后的喜悦之情以及对美好生活的向往。其声名远扬，曾在 1957 年由广东省选拔参加全国民间文艺汇演；1997 年参加央视"天南地北喜迎春"文艺晚会表演；1992 年赴马来西亚、1994 年参加世界客属第 12 次恳亲大会、2010 年赴上海世博会等参加国内外盛大文化交流活动。因悠久的历史渊源、独特的民族民间韵味，2006 年 5 月，"船灯舞"被列入第一批广东省非物质文化遗产名录；2007 年 4 月被列入梅州市第一批非物质文化遗产名录；2008 年 11 月广福被国家文化部授予"中国民间文化艺术（船灯）之乡"称号。2013 年，广福船灯被列入市级非物质文化遗产名录。蕉岭广福船灯舞的传承人是张祥丰，如今已经近 70 岁了。张祥丰自1985 年开始学习广福船灯，扮演艄公这一角色。2019 年，为贯彻落实党的十九大精神，助力创建文明城市，进一步加强非物质文化遗产保护传承工作，充分发挥传承人的作用，促进广福船灯的传承，当地相关部门举办广福船灯项目代表性传承人培训班，聘请张祥丰为指导老师，对近 20 位学员进行为期半年的培训，每周三次课，每次课一个小时。这将有力地促进广福船灯的保护与传承，使广福船灯在现代化的今天传承下去。

七、五华锣花舞

1. 历史渊源

锣花舞源于民间流传的道教，从道教法事民俗"奉朝"七个程式当中的"请神拜朝、发兵、招兵、安灶、奏表、更朝（支粮）、送神"展示的"锣花"演变而成，后传入梅州市五华县民间，至今已有600多年的历史。在清代，五华各地非常盛行锣花舞，当时的"奉朝"代表性人物——余三法师，技艺高超，后授徒古兆侍郎，古兆侍郎授徒古左侍郎（法号）。古左侍郎真名古清左（1904—1992），五华县华阳镇人，他从小学习"锣花"法事，终生以此为业。古左侍郎授徒五华县周江镇李阿四、华阳镇邹杏香，他们在民国时期经常到广东省揭西县、普宁县、惠来县及梅州各县客家地区做法事并表演锣花舞，当时每年演出二百多场。锣花舞流传于梅州市五华县一带，尤其是五华县梅林镇、安流镇、华阳镇、龙村镇、周江镇最为出名。

2. 活动内容

五华县梅林镇位于县城南部51千米，总面积128.4平方千米，现有人口5万人，是民间锣花舞的活动地。当地人们在盖好新房入住、安神、起灶时，习惯要请道士做法事，以此拜请神灵驱除邪魔，祈求平安。道士在做法事的过程中，就要表演锣花舞。通常在晚上表演，地点一般在祠堂、宫庙或民宅的庭院等处。拜祭时，台后置神桌，挂神牌，摆设供品，点燃香烛，台前置一盆米，谓"支粮"和"火米"，是向神灵供奉粮食之意。道士围绕米盆进行表演，周围站满观众，场面十分热闹。锣花舞有七个主要程式，展示时一般由两到三人组成，亦称"禅公""禅婆"和执鼓者。他们身穿画有八卦的道士服装，头戴道士帽，手拿高边锣、神扇，旁边放牛角号、法鼓等法事用具，执锣、握槌，舞动锣、槌，通过招、提、转、绕、唱、念、舞、打、吹，构成"锣花"，一边念、一边唱、一边舞。锣花舞的基本动作"朝拜""双侧锣""八字锣""端腿锣""转体锣"等，可根据歌词内容灵活变换，随意组合动作。演唱歌词时不舞，每一小节的首拍敲一次锣，唱完一段词后便选做一至两个舞蹈动作，然后接着唱下一段歌词，这样唱、舞交错进行，直至把"支粮""招兵"的歌词唱完。锣花舞的唱腔以客家方言清唱，没有器乐伴奏，但其曲调让人感觉到一种神秘且严肃的境界。锣花舞灵活多变，极具特色，表现了民间百姓对美好生活、平安、健康的祈求。

图2-83　锣花舞表演之一（五华县文化馆提供）

图2-84　锣花舞表演之二（五华县文化馆提供）

3. 传承与发展

20 世纪 50 年代初期，"奉朝"锣花舞的表演一度逐渐减少，并且其传承要求比较严格，主要是家族传承和师徒传承的方式，其表演技巧难于掌握。李阿四虽然技艺超群，但在 80 年代辞世，最终未有接班人。幸有邹杏香传人并授徒黄永红（现代传承人），黄永红得到其口传身教并全面掌握了"奉朝"锣花舞的绝技。

改革开放后，民间民俗活动百花齐放，且不断活跃开展起来。民间安神、安龙、转火、庙会、祠堂祭拜都少不了"奉朝""锣花"的展示，以祈求平安、财丁两旺、农业丰收、六畜兴旺之愿。现代传承人黄永红带其子黄焕军进行"奉朝""锣花"展演，并开始向其子黄焕军传授"锣花"秘诀，但由于其技巧难度及口诀内容较多，其子暂未全面掌握"锣花"技艺。近年来，锣花舞在五华县委、县政府的高度重视与支持下，经五华县文化艺术工作者搜集、整理、加工、抢救和传承等方面的努力，初步取得了一定的成效，使这古老的锣花舞更具客家民间艺术特色，在各地的表演深受观众欢迎和赞赏。2010 年，时逢中国（梅州）第四届国际客家山歌文化艺术节，五华县宣传部门、文化部门通过精心打造，终于把五华民间这一古老的锣花舞在保持原生态的基础上，以崭新的表演姿态搬上舞台，奉献给海内外观众。为保护锣花舞这一极具客家特色的非物质文化遗产，2010 年锣花舞被五华县人民政府批准列入五华县县级非物质文化遗产保护项目，2011 年 4 月被列入梅州市第三批市级非物质文化遗产名录，2012 年 2 月被列入广东省第四批省级非物质文化遗产名录。

八、平远船灯

平远县位于福建、广东和江西三省的交界处，界于福建武平和江西的安远之间，故名"平远"，明嘉靖四十二年（1863）设县，境内居住的大多数是客家人。客家派系是一个特殊民系，在漫长的迁徙过程中，传承了优秀的中原文化。平远县虽然建县的时间不长，但也有不少文化遗迹，历史名人较多，历史人文资源十分丰富，平远船灯是平远县的一张亮丽文化名片，在客家地区乃至广东省内外具有很高的知名度。因平远船灯和广福船灯均与福建武平有渊源，所以两者在外观造型、表演程式等方面极为相似。

1. *历史渊源*

平远船灯是一种以木质彩船为道具，在新春、元宵佳节时表演的民间歌舞艺术，历史悠久。据考证，船灯起源于闽、粤交界的福建省武平县等地，19 世纪（1862—1874）始由武平县传入广东省平远县。在平远流传较广的关于船灯的故事主要有三种：

第一种说法：清朝乾隆皇帝有一回乔装巡游江南体察民情。一天，他来到福建沿海某地，投宿于一渔船上，受到船家祖父和孙女的盛情接待。闲聊之中，乾隆皇帝获悉渔家饱受渔霸欺凌，不得温饱，动了恻隐之心。翌晨临别时，特赠夜明珠一颗，还亲笔题赠"渔家乐"金匾和"圣旨"金牌。渔翁顿觉福从天降，惊喜交集，叩头跪接。尔后，渔民们不再受渔霸欺凌，且有夜明珠之光，风雨黑夜，均可出海捕鱼。这体现了清帝体恤民情的美好品德，也表达了后人对皇帝给予渔民恩泽的颂扬。

第二种说法：清朝乾隆皇帝漫游江南，来到福建沿海，遭遇风暴，险些丧生，幸被一对渔民夫妇搭救，为报答渔民夫妇，特赐"渔家乐"金匾和夜明珠，在金匾下两旁各立龙柱，以示威严，并把夜明珠挂在船尾，借明珠之光，照亮航程，获取丰收。

第三种说法：据《福建武平县志》（卷二八·文化）记载，民间传说清初顺治到闽江口奠祭征台湾牺牲的将士后，曾驾临闽省汀江一带，顺途微服私访，未到江边，忽接到关于北方领土遭受侵犯的告急书。顺治即令随从寻找船只连夜渡江，兼程返京理事。适逢风雨交加、江洪猛涨，船工们恐有覆舟之险，不敢开船。正难为之际，忽于灯光亮处，见一渔船中有渔翁和少女正做晚饭，往问之。渔翁笑着问："客人，你有胆吗？"顺治答道："吾命由天，何畏之有！但愿老翁肯撑，必酬重金。"渔翁乃回首问女儿曰："你意如何？"女应声："听从父命。"翁遂请客人登舟，解缆开船。风狂雨骤，洪流湍急，老翁频频回首呼唤女儿小心掌舵。父女苦斗良久，渔船终于安全抵岸。顺治报以重金，翁女不受。顺治返京后，回忆渔家父女艰险摆渡的情景和渔民济人之急的好心肠，乃派人寻访。因未获悉其姓名住址，渔家父女行善又不让人知，访者不获而返。次年会试方毕，顺治又想起汀江渔翁摆渡之事，便问主考官员，福建汀州有无举子来京会考，主考说有。乃派人查询，即召入宫，叫举

人到乐府学习模仿水上行舟战风雨、过险滩，父女划船和相互呼应的动作以及风平浪静时父女划船自如、嘴哼小调的神情，并作《渔家乐》带回。事后，顺治为谢渔民，特赐"圣旨"金牌一块，以扶渔民不受渔霸欺压；特赐"渔家乐"金匾一块，以表彰渔民的好心肠和祝愿渔民安居乐业；特赐"夜明珠"一颗，以便渔民日夜可出江捕鱼，多获丰收。而后，当地文人与坊间艺人便根据这一传说，合作编排了谓之"船灯"的舞蹈。每逢节日喜庆，载歌载舞以颂皇恩、庆太平。

其中第一、第二种说法主要流传于泗水和上举部分人之口，第三种说法是大多数人所熟知的说法，也是各地流传的说法，同时也是平远县文化馆对外公布的说法，《平远县志》里面也有相关的介绍，具有一定的真实性。

2. 船灯的制作

船灯表演最重要的道具就是船灯。不同时代人们不尽相同的审美观念使船灯的外观略有不同，但基本框架保持不变。船灯的外观改变比较大，以前一般是用纸和布结合的，而且纸占的比例大于布，现如今基本上都是用布制作，而且布上的图案花纹也比以前丰富了许多。船灯骨架由专业的师傅制作，而且制作过程非常复杂，一般一条船需要5人一起制作，至少一个月才能做好框架，框架的制作材料以前一般采用木料、竹篾、绸布等，成品重30~40千克，现如今多改用铝合金替代，成品重15~25千克，具有耐磨结实的特点，可反复使用。船身约3米长、1米宽，中间设有高约1.6米的船舱，前后为门，左右为窗，顶部依据当地古老的房屋建筑样式制作出精美的舱顶。船灯的船檐与四壁装饰着各种鲜艳的彩纸和花朵。左右窗贴有各种花鸟、人物的画像。前门贴有船灯队的组织单位和对联。后门常挂着一面梳妆镜。另外，左右窗均写有大大的"福"字。在船头还安放有红色木箱，题字"恭喜发财"，顶部开口，在讨彩头的同时，可存放红包，兼具实用性。在船尾处和船舱顶部用竹篾将之相连，并饰以彩带。船桨通常漆成大红色以增添节日气氛。刚传入时，"船"用木、竹制作，长约3.5米，腹宽约1米，舱内高约1.6米，外表涂以鲜艳的色彩，配以花束、彩带、彩灯。船无底，底部周围饰以约0.6米宽的布条，称"水布"，用以遮挡操船者的脚，全船约重30千克。平远船灯道具船上的装饰物和装饰文字，具有较强的寓意性。船舱前的圆球灯和尾部的"渔家乐"三个大字，象征清朝最高统治者赐给渔民的夜明珠和牌匾，昭示着皇恩浩荡，恩赐天下，体恤民情。彩船为折叠式制作，可装箱，便于巡回演出和保管。全船用竹条、木条或铝条分别做成船头、船舱、船顶、船尾四个部分，各部分宽度、长度、尺寸如图2-85所示：

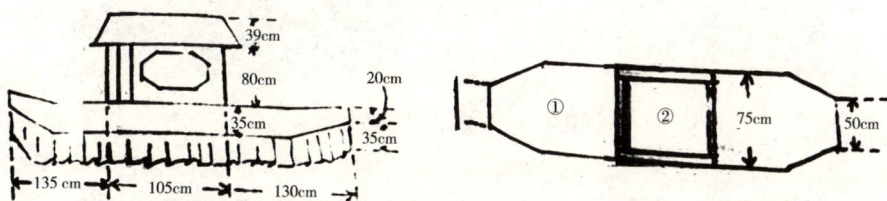

图2-85　船的制作尺寸图（①表演者位，②操船者位）[1]

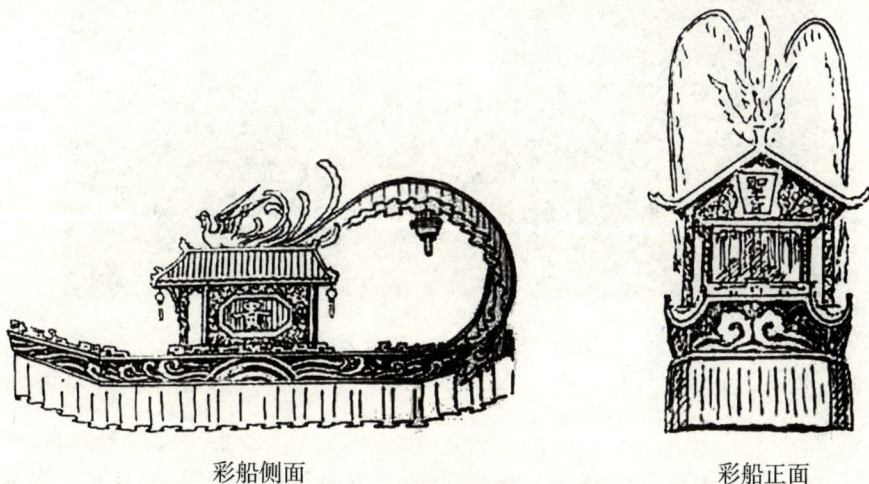

彩船侧面　　　　　　　　　　　　　　彩船正面

图2-86　船灯的外形结构图

———————————

[1] 图2-85至图2-90由平远县文化馆提供。

图2-87 以前的木质船灯

图2-88 现在的铝合金船灯

3. 活动内容

平远船灯表演非常细腻，形象生动逼真，具有较强的模拟性。表演者模仿划船等动作，操船者模仿船在水中飘荡的情景，惟妙惟肖。其艺术特点是由表演者模仿划船的划、掷、荡、拉、跳等动作，而操船者则模仿船在水中的急、慢、旋转、颠簸、搁浅等情景，"船"外演员与"船"内操船者配合十分默契，在小溪、大江、急水、过滩、暴风骤雨等任何情景下都能达到"船在水上行，人在船中舞"的"全真"境界。公孙二人的单船表演，正是渔民百姓为歌颂皇恩，向往美好、和谐生活之情而专门创作排演的《渔家乐》船灯舞的真实反映，其寓意在舞蹈中得到了充分体现。传统的船灯舞由 3 人表演，男女演员各 1 人，男饰老翁，女饰孙女，以歌为主，分别在船头、船尾表演，另一个人则藏在舱内操纵彩船，用一布条系于舱内前后的对角处，绊在双肩，双手抓紧前后横档的另一对角处。现今平远船灯主要是每条船两人表演，即一人在船头，一人控船，表演时船与船之间对唱交流。有时也会出现单人表演，一切根据剧情需要安排。

图 2-89　船头双人表演

图 2-90　表演船灯的老翁

　　正式表演开始前，表演人员通常在前往演出场地的途中用锣鼓钹反复演奏《过江龙》来吸引观众，营造声势。在到达场地准备就绪后，演员会说一段开场白，例如："新年春色好风光，歌舞升起来到贵地方，船灯歌舞演一出，十番（班）音乐奏一场。"或者又如："（男）：阿妹，在这喜庆的日子，我们来一首船灯舞，来给大家乐一下。""（女）：好啊，那就来一首客家山歌船灯情来。"接着，乐队演奏《八板头》，演员表演整理衣物——模仿挽衣袖、裤边动作，然后分别登入船头、船尾，登船后演员划桨起舞。驭船者却不露面，在演出前便隐藏在船舱中，表演时挑起整个船只，需要完成停船、泊船、行船等动作。《八板头》结束后，乐队奏起《渔家乐》，演员们即开始演唱，并绕场地表演，与群众通过眼神互动交流。在演出过程中，演员们边唱边演，期间演唱多首民间的小调或者山歌，并多次自由转换船头的方向和左右摆动船体，表

现船在弯曲河道上行进的场景。现今的船灯表演保留了原有划船、拉船等基本特色，还增加了旋船、跳船等高难度动作，并逐渐使之舞蹈化、规范化；有时甚至两船、三船同台表演，难度更大。最后，曲终船到，拖船上岸，表演花鼓。花鼓有船上花鼓和落地花鼓之分。表演船上花鼓时演员无须离开船，在船上手持小钹（鼓、锣）舞蹈；而表演落地花鼓时演员们都需要离船，手持小钹、花篮或竹板等道具，边歌边舞。整个过程舱内舱外演员表演动作娴熟，配合默契，自始至终给人以"船在水中行，人在船中舞"的韵味。整个船灯演出所需的时间为 1～2 个小时。

平远船灯的伴奏乐器采用八音伴奏，以民间管弦乐器，如唢呐、笛、扬琴、三弦、板胡、二胡等为主，有时还需加上锣、鼓、钹、镲等打击乐器，节奏明快，气氛热烈。曲调大多为民间小调，如《渔家乐》《闹元宵》《摇船曲》《迎风斗浪》《夜行船》《卖杂货》《十二月古人》《花鼓词》等，表演内容起始是爷孙俩出海捕鱼，娱乐升平。以后逐渐增加男女谈情、劝世讽俗之类的内容，无一定程式。曲乐主要是根据表演的内容做相应的调整。在差干、仁居、上举、泗水等地，船灯舞在表演内容、动作、配乐、演员服装上都有所区别，主要是反映现实情况的表现，演员的服装是每个表演项目都不同的，而且每个演员的服装也有一定的区别，但大体风格是没有区别的。

4. 特点及价值

平远船灯不但显示了客家的文化特征，而且体现出当地群众的一种人生观、价值观，具有一定的人文价值。平远船灯作为当地人们的一种喜闻乐见的表演形式，具有一定的观赏价值。它的寓意十分深刻，极富娱乐性，反映客家人的生产劳动、社会实践和生活情趣，与当地人的民情风俗、生活习惯和思想感情有着千丝万缕的联系，这使船灯舞的表演更加容易与观众产生一定共鸣。平远船灯，不但继承了船灯传统的精华，而且在台本、音乐、表演、道具等各方面都有很大的质的创新。从传统的杂乱无章的内容改为有主题、有人物、有情节、有层次、符合逻辑的台本；从传统的单船表演改为"三船"的多船表演；在传统的比较单调的划船、荡船、拉船程式的基础上，新设计了追船、跳船、颠船、漂船、旋船、汇船等多样化、难度大的舞蹈，大大提高了其艺术性；在道具上，

"船体"造型无比瑰丽，装饰十分美观；在音乐上，从没有主旋律的曲子改为以《渔家乐》这一主旋律贯穿全剧，巧妙地突出了船灯的音乐。平远船灯是建立在一定历史背景上的文化产物，具有一定的历史价值。平远船灯备受大家的喜爱，其特点主要表现在以下四方面：

（1）模拟性。船灯表演非常细腻，形象生动逼真，具有较强的模拟性。表演者模仿划船等动作，操船者则模仿船在水中飘荡的情景，均把动作模仿得惟妙惟肖。"船"外的演员与"船"内的演员配合默契，在小溪、大江、急水、过滩、疾风骤雨等情景下都达到了"船在水中行，人在船中舞"的全真境界。

（2）寓意性。平远船灯道具"船"上的装饰物和文字具有很强的寓意性，船舱前的圆球灯和尾部的"渔家乐"大字象征皇帝赐给渔民的夜明珠和牌匾，体现了皇恩浩荡、体恤民情，公孙俩单船表演的《渔家乐》正是渔民百姓为歌颂皇恩、向往美好生活而专门创作排演的，其寓意性在船灯表演中得到了充分表现。

（3）娱乐性。平远船灯具有较强的娱乐性，每逢佳节喜庆的日子，平远差干、仁居、泗水、上举、八尺等地的百姓便自发制作，排演船灯自娱自乐，以此表达对美好生活的追求和向往。

（4）传承性。平远船灯的传承包括师徒传承和家族传承的方式，现如今还增加了学校传承，其中师徒传承的方式占多数，表现最好的就是谢奎岳一脉，也是现在参加各地船灯表演的主要队伍。家族传承，现如今由于年轻人多数外出打工，所以能够接受传承的人不多。学校传承主要指平远县第一小学，该校的少儿船灯队还参加过央视节目《大手牵小手》。传承的多样性为船灯的传承发展铺设了更宽广的道路，也能使船灯表演得到更好的保护。

平远船灯的价值主要体现在以下几方面：

（1）平远船灯是建立在一定历史背景上的文化产物，具有一定的历史价值。平远船灯的表演形式，反映了一定时代人们的精神风貌，体现了客家人对生产劳动、勤劳生活的热爱及其淳朴务实的特征，这是一种传统价值观，通过对平远船灯的继承与发扬，影响着一代又一代的民众。

（2）平远船灯作为一种平远人们喜闻乐见的表演形式，具有一定的观赏价值。平远船灯成为当地群众普遍欢迎和喜爱的一种表演形式，并不是偶然

的。它的表演内容、形式均来源于生活，深刻反映了当地民众的生产、生活与民俗风情，亦符合当地群众的审美观念。另外，平远船灯纯熟生动的表演技巧，生动传神的故事表现形式，是它赢得众多观众青睐的重要条件。

（3）平远船灯是经济社会发展的无形资产。因此，可以通过不断挖掘和发挥民间文化作为无形资产的社会效益，从而培植出新的经济增长点。在合理的范围内，对平远船灯文化进行宣传，可以给平远带来一定的经济效益，这是无法估量的无形资产。

（4）平远船灯内容丰富，是恒久且拥有生命力的文化财富，它的内容涉及我们生活的各个方面，其流传非常广远，对我们的生活、工作具有一定的指导意义。平远船灯表演已然成了当地人们生活中不可分割的一部分，其表演内容已经深入人们的日常生活。其所具有的价值是恒久性的，且至今还在流传，由此可见其生命力之强。

5. 传承与发展

平远与闽南接壤，同属客家的居住地，生产习惯、生活习俗大致相同，民间交往十分密切，船灯舞蹈便在此背景下产生并流传开来。据《平远县志》和《武平县志》的记载：两百多年前（19世纪末），船灯表演艺术始于福建省武平县等地，由武平县的下坝乡传入平远县差干乡湍溪村而至仁居。1955年，平远县文化馆发掘整理了"船灯"这一民间艺术项目，并进行改革，船体降低了船舱高度（降至1.4米左右），比例合理，船面装饰更加精美。表演内容增加了"搁浅""拉船"，曲调以《渔家乐》为主旋律。1956年，改革创新后的船灯参加汕头地区文艺汇演，获优秀节目奖。1957年2月，平远船灯在全省选拔上京汇演的大会上演出，被选为广东省代表队参加全国第二届民间音乐舞蹈汇演的第一个节目。1957年10月，平远船灯在北京参加汇演，《人民日报》撰文介绍并刊登两幅剧照，入编《中国民间音乐舞蹈》（精装本）。1972年创作《喜送粮》。1977年创作反映地下游击队机智勇敢与敌斗争的《迎风击浪》。1982年创作反映归国华侨观光的《闹元宵》。1984年创作宣传改革开放成果的《花王出巡》。1987年平远船灯改为三船表演的《船灯情》，还有《回娘家》《军民鱼水情》《过河》《采莲乐》等。船灯舞一般都有一个基本情节，以使之生动、紧凑。歌舞曲调方面，将以歌为主改为以舞为主，即使不同语言的观众也可以从演员的舞蹈动作中理解剧情。配乐增加《拉船曲》等曲调。革新后的平远船灯多次多船参加省、市文艺汇演，均获得了很好的成绩。1987 年，在广东省首届民间艺术欢乐节中，平远船灯在广州东方乐园表演 37 场，观众达 30 万人次，《南方日报》《羊城晚报》《广州日报》《广东农民报》均有图文报道。1997 年，平远船灯被广东电视台选送参加中南八省市"天南地北喜迎春"文艺晚会演出，获好评。1998 年，广东省文化厅授予平远县"广东省民间文化艺术（船灯）之乡"称号。1999 年 9 月，平远船灯到广州天河体育中心参加广东"艺术节　美食节　欢乐节"活动，演出多场。1999 年 12 月，平远船灯参加广州地区各界庆祝澳门回归祖国的"同奔五彩路"大型文艺演出，获优秀演出奖。2002 年 12 月，平远船灯到广州中山纪念堂参加世界广东同乡联谊大会"天涯共此时"大型晚会。2003 年 9 月，平远船灯参加澳门"月满照濠江"文艺晚会，并演出五场。2003 年 12 月，平远船灯参加广东省第二届民间艺术表演大赛，获铜奖。2005 年，平远船灯参加广东国际旅游文化节暨 2005 年岭南民间艺术汇演，获银奖。2006 年 5 月，平远船灯被广东省文化厅列入第一批省级非物质文化遗产名录；2007 年 4 月，被梅州市列入第一批市级非物质文化遗产名录。

2008 年，国家文化部授予平远县"中国民间文化艺术（船灯）之乡"称号。2009 年 9 月，平远船灯应邀参加香港"缤囍缤纷贺国庆"巡游嘉年华文艺巡游表演。2010 年平远船灯参加上海世博会巡游活动。2012 年 12 月，6 条少儿船灯《过河》到惠州参加广东省少儿艺术花会，获银奖。2013 年 9 月，平远船灯配合梅州市"细哥细妹组合"赴京参加央视《星光大道》的拍摄工作，12 月平远船灯参加央视少儿频道《大手牵小手》节目录制的演出。2015 年 10 月，平远船灯参加广东国际旅游文化节——佛山秋色欢乐节巡演活动。2016 年，平远县被授予"广东省民间文化艺术（船灯）之乡"（2015—2017 年度）的称号。2017 年 11 月，平远船灯参加了第五届世界客商大会梅州市客家非物质文化遗产"遗珠璀璨"展演活动。

每逢春节、元宵、端午、中秋节以及喜庆丰收之时，平远差干、仁居、上举、泗水等地的群众便由家族或村寨自发制作、排演船灯，以此来庆祝节日。以前这些地方船灯的制作没有差异，只是外表装饰有些差别，主要是各地人们的习俗有些差异，现如今由于时间推移和维修造船的

人员流失，各地的船基本上都报废了，所以现在各地船灯表演的船都是借用平远县文化馆的船。

近年来，平远县委、县政府高度重视非物质文化遗产的保护工作，相继投入大量资金，对平远船灯进行整理、挖掘和保护，同时采取"走出去、请进来"的办法，邀请省、市资深专家为其"把脉"，不断丰富和延伸平远船灯的内涵，使其更具艺术性和观赏性。2003 年，在市、县党政部门的重视和支持下，平远船灯艺术已被编入"平远县乡土教材"小学课本。为培养船灯幼苗，平远县以县幼儿园为试点开展船灯的传承工作。此外，为了更好地保护与传承平远船灯，平远县人民政府在 2012 年 8 月确定凌双匡、谢奎岳、张珍兰三人为非物质文化遗产平远船灯的县级传承人。

九、梅江区铙钹花

1. 历史渊源

铙钹花为流传于广东省梅州市梅江区的一种民间佛事舞蹈。源于佛教传入梅州以后的"香花"派，是"香花佛事"项目之一，是梅州城区及周边地区客家人特有的一种民间传统宗教信仰舞蹈，是客家民众在进行传统人生礼仪"香花佛事"时僧人穿插进行的一种类似杂技的技艺表演，也是梅州民间办丧事时必需的传统表演项目之一，其流传可考历史已有 400 多年。

2. 铙钹花的道具

铙钹花的表演道具是铜质大钹，重约 1 千克，直径约 40 厘米。通常由一僧人持两至三个铜钹表演，几个僧人击鼓伴奏。表演者手中的铜钹前后、左右、上下、动静结合，形式丰富、变幻多端，有单转钹、双转钹、高空抛钹等数种难度较高的表演。铙钹花富于技巧性和观赏性，在民间深受广大民众的欢迎。2009 年 10 月 16 日，铙钹花这一传统民间佛事舞蹈被广东省人民政府批准列入非物质文化遗产名录。铙钹花是梅州香花佛事舞蹈中，技艺性最强、难度最大的一项纯技艺表演项目。由僧人持大铙钹在斋主家较空旷的屋外表演。铙钹花的技艺美表现在"铙钹"这个道具的表演上。"铙钹"是僧人们做佛事时使用的法器，铜制，直径 30～40 厘米。这个道具运用在佛事中，只是一个极其普通的节奏乐器，而被僧人作为铙钹花的舞蹈表演道具时，这个节奏乐器就被赋予了特殊的技巧，好似被僧人们施予了自由控制的法力。

3. 活动内容

铙钹花表演时，通常在场地上铺一张席子，在草席上表演。表演者一人，有时也可两人对垒比赛表演。表演者双手执铙钹，另有道具细长竹竿一根和细小如手指的棍枝两根，伴奏者在场地一侧。传承人释常宽介绍，铙钹花的表演程式主要有上架功夫和下架功夫两种，一共有100多个高难度的动作，整场表演下来要30多分钟。因此，要求艺人精神要高度集中并且平时训练的基本功要扎实，这样才能把铙钹花表演好。

平时常见的铙钹花的基本动作有十几种，若从这些基本动作中挑选几个较有代表性、技艺难度较大的动作进行文字图解，我们便更能领略到这种特殊的技艺美。从动作的名称中就可以感受到其技艺的特殊性，动作之一：尚大人。准备："大八字步"站立，左手叉腰，右臂向前平抬，右手捏住两钹钹沿，钹面相对。做法：将两钹交替向上抛起呈立面旋转，头随钹动，一接一抛，连续不断（见图2-91），同时边抛边自转。动作之二：猴子挑水。准备：双腿"大八字步半蹲"，双手各握一小木棍，并"夹竿"横于胸前，同时右手"转钹"。做法：双手举竿过头扛于后肩，同时右肩下沉，上身随之下沉，眼看转钹；接着右手用细棍枝向上顶起钹，使之在旋转中飞过头顶，重心迅速右移成右"旁弓步"，左手棍尖顺势顶住钹脐，同时向左略下旁腰，头随钹动（见图2-92）。如此反复对称做，待钹回到右手时，双手举竿过头回至胸前，再用力将钹抛向空中，左手迅速收竿夹于左腋下，右手木棍顶住下落的钹脐，然后起身站"小八字步"，左手将竹竿前伸点地。铙钹花的技艺难度在于，动作中不但要让钹飞速旋转，还要让钹在空中上升到一定高度，抛得越高表明技艺越精湛，并且落下来后，要用手直接将钹接住。有时，在接钹之前，还要加上一些带有少林武功和杂技的动作，例如在"赶鸡入窝"中，当右手将钹抛向地面呈立面状滚动时，表演者也得紧接一个"后毛"动作（见图2-93），起身后右手迅速抓住滚动的钹。铙钹这个道具本身具有一定的危险性，因钹重，边缘薄且坚硬，如果技艺不够精湛，在钹飞旋过程中不能准确地将其接住，表演者就会有生命危险。因此，要求学徒从小练习，从易到难，经过多年的累积才能掌握此项技术。

图2-91　尚大人①　　　　图2-92　猴子挑水　　　　图2-93　赶鸡入窝

作为梅州香花佛事中另一种纯表演性的舞蹈，相对"鲫鱼穿花"流畅之美的队形，铙钹花显示了技术的难度和高超的技巧，在展示其技艺之美的同时，显示了佛教的威严和法力无边。宗教舞蹈既具有宗教文化艺术的象征意义，又包含着不同民族、不同地区和不同时代人们的审美意识。梅州香花佛事舞蹈也正是在这种历史发展的规律中，形成了自己独特的宗教舞蹈的审美特征。这种审美特征的形成与客家民系多神信仰以及多神融合的宗教文化背景有着密切联系。

4. 传承与发展

目前，许多宗教舞蹈，虽然在形式上仍以神、佛为仪式舞蹈中的重要表演对象，但由于我国多神信仰的传统，使得许多地方的宗教文化也渗透了较多地方信仰的成分，反而削弱了宗教意味，增强了世俗的色调，独特的客家民系文化和宗教信仰文化就是典型。随着社会的发展，人们娱乐需求日益增长，对宗教舞蹈的要求也强化了自娱与娱人的功能，而逐渐淡化了宗教色彩，人们不再恪守传统的祭祀活动及礼仪的规范，也不再认为表演内容神圣不可侵犯。梅州宗教舞蹈正是在这种时代的需求中，发展出了这一独特审美特征的舞蹈。梅州宗教舞蹈中的"打席狮""鲫鱼穿花"即人们打破了传统的框架，以新的审美追求创造新的表演形式、审美形式的典型代表。现如今，作为梅州城区客家民众在佛场中进行的特色技艺表演，铙钹花去掉了一

---

① 图2-91至图2-93由梅江区文化馆提供。

些烦琐的程序，更加注重铙钹花舞蹈自身的表现形式。其中，铜钹的快速旋转、上下翻飞，扣人心弦、惊心动魄，而乌鸦卸翼、猴子挑水、画眉跳架等动作则是诙谐多趣。据传承人释宝华介绍，铙钹花的发展实际上也是一个"取其精华、去其糟粕"的过程。铙钹花是梅州客家地区一种传统的、独特的民间舞蹈表现形式，具有鲜明的客家人文特色。2007 年梅江区政府、梅江文艺艺术团、梅江区非物质文化遗产保护中心将铙钹花列为重点保护项目，投入专项资金，开展了一系列的保护工作。2009 年，铙钹花先后被梅州市（第二批）和广东省（第三批）人民政府列入非物质文化遗产名录。释常宽是 2012 年梅州市第三批市级非物质文化遗产项目铙钹花的代表性传承人。

十、平远落地金钱

落地金钱这一具有浓郁民间风情的客家民俗舞蹈始于明末清初，至今已有 400 多年的历史了。落地金钱发源于广东省梅州市平远县差干镇，主要分布于广东省平远县仁居、东石、坝头、大柘、八尺、石正等镇，落地金钱逐渐成为该县一种独特的民间传统舞蹈，并已成为当地文化节、客家传统节日以及大型庆典的必备内容。其表演主要盛行于梅州市内，以平远县当地为主。

1. 历史渊源

民间有很多关于落地金钱的传说，主要可归纳为"宫廷乐舞""北方秧歌""乞讨表演"三种说法。

第一种说法（"宫廷乐舞"之说）：据《平远县志》记载，落地金钱舞蹈起源于 400 多年前。1646 年，隆武帝刚刚登基两年，其在谢志良（山西总兵、平远差干人）等一群重臣的拥护之下，从福建地区逃亡到平远县五指石。由于这一地区地势险要，可以更好地坚守阵地，防止敌人攻击，他们便决定在此处停留。谢志良看到隆武帝日日唉声叹气，还不断眺望远处、泪流满面，于是便和随行李姓乐师商讨，在本地征召十几名男女，排演了《落地金钱》舞蹈，试图在最短的时间内鼓舞群臣，缓解帝王落寞、孤寂的心情，并对将士起到鼓舞的功效。基于此，落地金钱诞生，此时的舞蹈具备宫廷特色，此后在平远地区广为流传，成为当地的民间传统舞蹈。由于这一舞蹈是李姓乐师编制的，由此推测其来源于宫廷舞蹈。

第二种说法（"北方秧歌"之说）：梅州地区居住的客家人是北方汉人南迁移民的一支队伍，在漫长岁月里，颠沛流离，历尽艰辛，是与当地原住居民不断融合，逐渐形成和发展起来的汉族民系。从形态、步伐来看，落地金钱舞类似"扭秧歌"，都是集体通过载歌载舞的形式表演的。通过这一推断，可判断该舞蹈来源于北方，是在客家人南迁的环节中，不断传承、革新而成。

第三种说法（"乞讨表演"之说）：在远古时期，人们逃荒的时候，通常使用落地金钱进行乞讨，同时这也是一种卖艺的形式。手中拿着竹竿，并在该竹竿上绑上铜钱，只要一晃动，就可以发出铜铃声，在卖艺过程中，搭配上说唱，并且这根竹竿还可以发挥防身的功效，也被称为"打狗棒"，该说唱人员一边擦眼泪，一边诉说自己的遭遇，并说一些吉利话，试图博得大家的同情，换取谋生的金钱。

2. 落地金钱的道具制作

落地金钱的表演道具为金钱棒。最初，金钱棒主要使用五指石的竹子（隆武竹）精制而成。该竹竿长度为3尺，在左右两个方位中分别凿一条缝，缝的长度是1尺，每一个缝分别嵌入6个竹签，由此整个竹子共具备12个竹签，在竹签上串4~6个铜钱，串铜钱的含义是年年健康、吉祥，这是对美好生活的追求和向往。最后在竹竿首尾加上红、绿色的绸彩。现如今，金钱棒主要是木质的，左右两侧仍凿出两条缝，再用钉子串上铜钱钉到木棒上，左右两侧各钉有五个铜钱串（见图2-94）。

图2-94　金钱棒（平远县文化馆提供）

3. 落地金钱的表演

落地金钱的表演，就是演员手拿金钱棒为道具，在音乐的伴奏下，伴随着队列的变换，使金钱发出清脆悦耳、优美动听的响声。表演过程中，金钱棒具备两种功能：既是舞蹈节拍的伴奏器材，也是演员表演的道具。对演员而言，其手中拿着金钱棒，步法以北方"扭秧歌"的交叉步为主，动作以滑、擦金钱棒为主，手脚并用，分别在身体的左右、前后、上下进行金钱棒的敲击、踢、拍、擦等活动，很多人共同交叉起架。起架过程中需要注意交叉、穿棒，进而金钱棒就可以发出动听的声音，并且节拍非常动听，节奏也非常轻快、明朗。在表演环节，可以使用不同的队形进行变换，合合分分，搭配动静，给人一种耳目一新、目不暇接之感。落地金钱表演人数一般在 12 个人以上，有男有女，双排偶数，红、绿色各一排。表演中，女性一般穿着客家花边彩衣，有时候也会穿宫廷式纱衣，服饰鲜艳夺目，腰束彩带，男性着以褐色为基调的盔甲，在胸前饰以黑色护甲，护甲上面画金色龙图腾，服装刚劲、威武，因而在舞动金钱棒时使整个舞蹈显得气氛热烈，既威武雄壮又生动活泼、多姿多彩。落地金钱代表作为《五指石上风景美》《百年金钱舞、悠悠平远情》《欢迎你到差干来》。图 2-95 至图 2-98 是落地金钱的表演场景。

图 2-95　梅州市第二届名优农产品展销暨梅台农业合作交流会文艺表演之一①

---

①　落地金钱的相关图片由平远县文化馆提供。

图 2-96　梅州市第二届名优农产品展销暨梅台农业合作交流会文艺表演之二

图 2-97　"梅州平远首届桐花节开幕式"文艺表演

图 2-98　差干队参加 2006 年平远县民间文艺汇演

4. 落地金钱的文化价值

落地金钱的产生，从侧面反映了明末清初朝野更迭、社会动荡的史实以及隆武帝南逃过程的落魄境况；而落地金钱舞蹈中威武雄壮、舒展明快的舞蹈动作及道具的使用则充分体现了隆武帝具有强烈的反清复明的愿望。落地金钱的舞蹈形式比较特殊，具有极强的艺术魅力，彰显了艺术价值，主要表现在三个方面：一是道具在表演过程中的伴奏作用，与单纯的表演道具有较大的区别；二是具有优美的动作，极具欣赏性；三是形似"扭秧歌"的落地金钱具有南北文化艺术相融的特点，表现了浓郁的地方特色和深厚的人文底蕴。落地金钱作为客家文化的民间遗产，见证了客家人的历史变迁。因其寓意深刻，极富娱乐性，更因其所用道具的简易、独特，表演动作具有健身及防卫作用，在漫长的历史发展中，曾经以民间艺人走村串户用于谋生的形式在平远县境内流传。落地金钱使用全新的艺术形式，展示了客家人的生活情况、精神面貌、习俗等。其具备悠久的历史，深刻的内涵，深层次的文化底蕴，彰显我国优秀的民族文化，传承优良的文化属性。

落地金钱作为一种民俗舞蹈，其动作以走跳为主，并且表现形式多样，其步法主要采用了我国北方的秧歌交叉步，手脚并用，分别在身体的左右、前后、上下进行金钱棒的敲击、踢、拍、擦等活动，进而使金钱棒发出动听的声音，节奏清明，节拍分明。金钱棒长 3 尺，易携带，落地金钱舞蹈动作舒展、大方、优美，与扇舞、剑舞一样可作为健身的体育运动。在舞蹈动作中，需要身体诸多部位共同配合，并且节奏是不断变化的，有慢有快，进而在走跳环节中，有效地锻炼身体。生活水平的提高和社会的发展、进步，也极大地改变了人们的生活方式，人们越来越注重精神层面的需求，在闲暇之余，通常会通过健身的方式，实现娱乐、休闲。落地金钱不仅具备浓厚的民族特色、文化底蕴，还可以发挥健身功效，由此契合我国当代人的需求。它不仅可以实现情绪舒展、身体的调节与锻炼，还可以实现情感的沟通，充实人们的日常生活。在表演落地金钱的过程中，通常都会吸引大量的群众前来观赏，伴随优美的动作，娴熟的表演，大家的喜爱、喝彩，进而为群众营造一个欢乐的氛围。

在学校教育中纳入落地金钱，可以让学生更好地了解该舞蹈的历史，也可以学会该舞蹈的跳法，了解我国优秀的传统文化等，有效地提高学生的身体素质和文化素养。落地金钱是我国民间舞蹈，其在产生、发展过程中受到了民俗文化的影响。由此学习落地金钱并非单纯学习这类舞蹈的动作、技能，而且是学习我国悠久的文化传承，弘扬民俗文化。落地金钱独具特色，可以有效培养学生热爱生活、追求生活的良好品质，以及学生的竞争精神、进取精神。

5. 传承与发展

人类生存、发展的必要条件为自然、地理环境。平远县具备独特的地理环境，而这也成为确保落地金钱在当地不断发展、不断传承的重要因素之一，使之能保留至今。在几百年前，平远县的人口并不多，但居住面积非常大，不免给人荒凉之感。该地区位于武夷山脉的南边，是赣、闽地区的边界，交通不便，整个地形为四指向上的态势，呈现出半封闭的形态，并且在当时的历史环境中，并没有很多类型的文艺作品，落地金钱因此才得以在该地区有效传承，并且最大限度地保留了原貌。以前，表演并没有舞台，民间艺人手中拿着金钱棒，行走在乡间小路之中，将生活安泰、金钱多多的美好愿望送到千家万户，并将其作为民间艺人的行为方式有效保存下来。中华人民共和国成立后，通过民间艺人、平远县工作者的整理、挖掘，落地金钱开始以强身健体、歌颂生活的舞蹈形式被保留。发展到 20 世纪 50 年代，在平远县城之中的大柘、仁居、东石、石正等地广为流传，当地的人们通过这一舞蹈表达喜悦、欢快的心情，歌颂社会主义、伟大领袖，歌颂伟大的祖国，歌颂社会主义新人新风尚。但由于后期的"文化大革命"，在 10 年的时间里，这一民间艺术形式一度失传。直至 20 世纪 90 年代末期，经平远文化部门对其进行全新的整理、挖掘，再现了这种艺术形式，令其更好地发挥艺术魅力。至今，落地金钱已发展成为颂扬美满生活又具备强身健体功效的民俗舞蹈形式。

图 2 - 99　大柘中心小学演练《五指石上风景美》

图2-100　2006年的梅州客家山歌旅游节排练现场

　　近年来，平远县政府与梅州市政府以及武平县政府携手举办了大大小小十几场表演，也曾赴江西省寻乌县参加"第三届闽粤赣三省边界人口计生工作联谊会"文艺晚会，并且广东电视台、梅州电视台等都对其有所录播。落地金钱的舞姿被人们深深铭记在心中，人们为之震撼。由于落地金钱具备悠久的历史，并且和民间密不可分，因此落地金钱具有独特的民间韵味。早在1998年，平远县就被广东省文化厅授予"广东省民族民间艺术之乡"的称号，并在2008年被国家文化部命名为"中国民间艺术之乡"。

　　平远县政府和文化馆加强对落地金钱等民间艺术表演的管理，积极组织大型文艺演出，2002年，在平远县小学文艺汇演之中，大柘中心小学（原龙记希望小学）凭借《五指石上风景美》（表演落地金钱）荣获一等奖（见图2-99），对此，梅州市电视台、平远县电视台、《梅州日报》、《南方日报》纷纷做出相关报道；2006年落地金钱荣获梅州客家山歌旅游节银奖（排练现场见图2-100）；2006年，差干队在参与平远民间汇演中荣获三等奖，同年10月《山魂》（梅州重点剧目）到武汉地区参加全国地方戏优秀剧目展演，在重要环节表演了落地金钱，并荣获全国三等奖。2007年4月，落地金钱这一传统舞蹈被梅州市人民政府批准列入第一批市级非物质文化遗产名录（见图2－101）。刘秀隆、姚凤兰为落地金钱的传承人。

图2－101　梅州市级非物质文化遗产落地金钱证书

　　为挖掘、保护和传承落地金钱这一民俗舞蹈，平远县文化部门从挖掘传统舞蹈动作、抢救民间表演作品、加强研究和加大宣传等方面着手对其实施保护和传承。一是走访和宣传落地金钱表演老艺人，建立传承人档案。同时，加强对继承人及青少年的学习培养，采取"民间艺术进校园"的办法，于2003年将落地金钱舞蹈艺术编入大柘、仁居、差干等乡镇中小学文艺课课程，并在大柘中心小学开办小学生"落地金钱舞蹈艺术辅导班"。二是对已流失的作品进行积极挖掘和整理，对现有落地金钱的相关资料加以整理归纳，编集成册保存。三是积极利用广播、电视、出版物等媒介加强对落地金钱的宣传，并在平远县旅游风景区五指石等主要旅游景点开展落地金钱民间艺术表演活动，激发全社会关心、支持落地金钱的热情。四是邀请省、市专家对落地金钱的音乐创作、舞蹈动作等方面进行研究和革新探索，使其在继承传统艺术的基础上得以丰富和延伸艺术内涵，从而更具艺术性和观赏性。近年来，落地金钱表演艺术水准不断提升，在

省、市参加各类大型活动且屡获殊荣。2008 年 9 月，平远落地金钱参加梅州市第三届中国客家山歌旅游节演出，一举成功，荣获民族风情表演优秀演出奖。为更好地挖掘、提炼此次演出节目主题，提升传统节目的表现力，平远县文化部门与嘉应学院音乐系（现为嘉应学院音乐与舞蹈学院）合作，围绕突出民俗性、提高艺术性、增强欣赏性，大胆创新表现手法，演出使人耳目一新。

第四节 民俗与武术类体育非物质文化遗产

民俗与武术类的体育非物质文化遗产，是在人类社会不断发展、传承过程中产生、沉淀、保存下来的优秀文明成果，是中华民族传统体育文化的有机组成部分，是中华民族传统体育文化的瑰宝。

一、平远落地花鼓

1. 历史渊源

据《平远县志》记载：有一个传说发生在清代早期，讲述的是乾隆皇帝出巡江南的过程中，发生了一些事，落地花鼓的出现与此传说有关。据说当时乾隆皇帝到福建沿海微服私访，那天突遇暴风雨，差点在此地丧生，幸好遇到一艘渔船便投宿于此。在此期间，船家和乔装出巡的皇帝言谈交流，皇帝从船家口中得知，渔民们饱受当地渔霸欺凌，生活每况愈下，现在连最基本的温饱都成了问题。皇帝了解到实情后，心中替渔民愤愤不平，不由得产生怜悯之心。在第二天早晨临别时，特地赠予船家夜明珠一颗，还亲笔题赠"渔家乐"金匾和"圣旨"金牌各一，一是感谢船家对自己的救命之恩，二是给渔家一个生活的保障。船家惊喜交加，叩头跪谢并接下皇帝的恩赐。自此之后，当地文人和坊间艺人便根据这一传说，团结合作编排了《落地花鼓》这一民间曲艺节目。现在每逢节日或遇喜庆之事，民间艺人便会自发组织编排落地花鼓，以此歌颂天下太平。

据《平远县志》记载：落地花鼓在平远县已流传了 400 多年，是从福建武平县传入的。平远县地处三省（粤、赣、闽）五县（蕉岭、梅县、兴宁、寻乌、武平）交界处，属梅州市管辖，而福建省武平县下坝乡与平远县差干镇端溪村接壤，天然的地理位置、相似的生活习气以及相通的语言造就了这一文化的传播。

2. 落地花鼓的基本内容

（1）表演形式：

最初的落地花鼓表演形式是由丑和旦两个人表演，男生扮演丑角，女生扮演旦角。丑角穿的服装是古装戏曲中的小丑短装，腰系赤色绸带，且鼻子需佩戴短须，为加强表演的视觉效果，在表演过程中，走大步、马步和矮蹲，配合诙谐的唱词、滑稽的表情，看起来风趣诙谐。旦角是戏曲中的武旦，头戴花，留长发，双耳戴耳环，右手的手指缠彩色手巾，腰系绿色绸带，手执一对小钹，在表演过程中，走碎步和移步，走路的特点是两只手摇摆，臀部也跟着摆动，婀娜多姿，惹人喜爱。民国前为加强落地花鼓表演的观赏性，在丑角和旦角的基础上增加了"生"这个角色，主要配合旦角的表演，生角穿一身黄衫，腰系红色绸带，脚穿缠足布鞋，手执小鼓，多采用矮蹲、秧歌步，动作刚劲有力、潇洒自如。落地花鼓除采用一些特定的基本动作外，也可以根据歌词内容进行表演，同时吸收汉剧、采茶和凤阳花鼓调的一些特点，每一段歌词就有一个与之对应的表演动作、造型，有唱有舞，边念边做，唱词中既有民间歌谣，也有古典文人诗作，包括哲人箴言、先知告诫、民间故事、地方传说，具有较强的观赏性和娱乐性。在表演的过程中，以丑角的表演最具特色，表演热情奔放，体现了客家民间曲艺的特点。

（2）表演内容：

落地花鼓的表演不仅热情奔放，有唱有舞有说，边念边做，具有客家民间曲艺的特点，同时具有较高的客家文化、民俗文化艺术和旅游开发价值。落地花鼓有别于其他地区的花鼓戏。首先，它的表演主要突出了唱、动、念、走，讲究放与收、动与静的巧妙结合，动作节奏性强；且富于变化：生、旦、丑人物性格突出，又有故事情节。落地花鼓最大的特点就是能即兴创作表演。其次，音乐风格独特，以凤阳花鼓调、汉调音乐和当地客家山歌小调为主，有着粗犷豪爽、地方色彩浓郁的特点，配以唢呐、弦乐、锣鼓伴奏，节奏明快，气氛热烈。演员道具在原有 1 锣 1 钹 1 鼓的基

础上随着表演形式的改变，有的 3 锣 3 钹 3 鼓，有的 4 锣 1 钹 4 鼓，有的 1 锣 1 钹 9 鼓等，因而具有较为独特的表演形式和艺术效果。

早期的落地花鼓是以民间传说、民间故事为主，作品有《十二月古人》《十月怀胎》《卖杂货》等，我们可以通过下面的曲谱了解曲目背后的故事，例如《十二月古人》叙述的是不同月份不同人物的事迹，包括一代枭雄项羽的悲壮、诸葛亮的神机妙算、曹操赤壁之战的惨烈和孟姜女寻夫哭长城等民间故事。后来随时间的推移、历史的演化，题材内容变得更加丰富，出现了男女爱情、古典文人诗作、民间歌谣、时事政治、劝世讽俗和风俗喜庆等题材的表演。落地花鼓的表演风趣诙谐、活泼，具有较强的节奏感，带给人们无限的欢乐和视觉享受。

十二月古人（歌词节选）

正月里是新年，抱石投江钱玉莲，脱下绣鞋为古记，连叫三声王状元，连叫三声王状元；

二月里龙凤楼，小姐彩楼抛绣球，绣球单打吕蒙正，蒙正头上逞风流，蒙正头上逞风流；

三月里三月三，昭君娘娘去和番，回头看见毛延寿，怀抱琵琶马上弹，怀抱琵琶马上弹。

（3）曲调音乐和伴奏乐器：

落地花鼓经过历史演化逐渐成为今天具有客家特色的民间曲艺。首先是曲调音乐的演化，由原来单一曲调演化成今天的多种曲调音乐相结合，有梆子腔、汉剧中的汉调音乐、凤阳花鼓调和具有当地特色的客家山歌，不同的情节内容运用不同的曲调音乐，不同人物的个性特点运用不同的节奏表演，以及表达出不同的思想感情。例如《十二月古人》中表演的一段，孟姜女哭长城的曲调是悲伤低沉，动作由静到动，动静结合，再加上爆发式的节奏，表现出人物极度悲伤的情感。

在落地花鼓的表演过程中，除了曲调音乐和表演的基本动作外，还有伴奏乐器，这样就组成了一个完整的民间曲艺表演——落地花鼓。它的伴奏乐器包括以民间管弦为主的笛子、板胡、扬琴、唢呐和二胡，还有打击乐器如锣、钹、七星盘、鼓和铙，这些伴奏乐器给表演带来了较强的节奏感和愉悦的气氛。随着老艺人的减少，现在的落地花鼓表演基本上都是录制好的音乐，极少现场表演。

图 2 - 102　现阶段落地花鼓表演中的造型①

3. 落地花鼓的重要价值

落地花鼓作为一种文艺表演形式，要在一个区域或地方落地、开花、结果，并得到流传，必须得到本地文化的认可，而不是被排斥，这样它才真正具有生命力。落地花鼓起源于闽南地区，与梅州平远同属客家地区。梅州平远等客家地区是福建客家地区客家人迁徙的下一站，两者在文化源流上一脉相承。因此，落地花鼓起初在福建作为一种船歌的曲艺品种，传入相邻的梅州平远县，正相得宜。落地花鼓是平远县具有民间曲艺特色的传统曲艺，它的价值主要表现在客家文化价值、民俗学价值、文化艺术价值和旅游开发价值四个方面。

（1）客家文化价值。落地花鼓起源于闽南地区，该地区是客家地区，

① 落地花鼓的相关图片由平远县文化馆提供。

梅州平远亦属于客家地区之一，两者在文化交流上有共同之处，都是从北方迁徙过来，文化根源都是北方的正统儒家思想。落地花鼓传入平远后与当地文化大致相符，同时在曲调音乐上吸取客家山歌的特点，这种民间曲艺逐渐被当地人接纳并传承和发展。此外，从落地花鼓的侧面可以认识到客家人的生活习气和客家传统风俗，以及客家民系的内涵。在多元文化时代的今天，使我们了解到纷繁复杂的文化现象之下，它承载着客家民系的文化内涵。客家文化具有强烈的个性和典型的民系特征，落地花鼓的传承，不论是对于加深对汉民族共同体的认识，还是对人类社会历史文化的认识，都具有重要的参考价值。落地花鼓推动了客家地区社会主义物质文明和精神文明的建设，记载了客家文化的现状与特点，对弘扬客家文化、传承客家精神具有重大意义。

（2）民俗学价值。落地花鼓传入平远后，因其表演滑稽搞笑、风趣诙谐、寓意深刻，极富娱乐性，更因其所用道具和表演手法均与当初客家民众日常劳动、生活习俗极为相似，演唱语言达到了口语化，从而在许多地方流行，并传承至今。每逢春节、元宵、端午、中秋等传统节日，或在丰收之余和家族喜庆之时，当地人在客家民居、围屋庭院门坪，均自发排演落地花鼓，表达对天地的敬畏和对生活的感恩之情。当地人在原有基础上不断加以创新，逐渐形成今天具有当地民俗特色的民间曲艺。落地花鼓深受当地人们的喜爱，在许多地方传唱和表演，一直保留至今。随着时代的变迁，平远落地花鼓还逐渐发展成为平远县群众为欢庆节日、喜庆丰收而表演的主要风俗活动。通过对它的研究与发掘，进一步了解平远的客家民俗，对研究客家民俗文化有着重要的作用。

（3）文化艺术价值。落地花鼓是客家最具代表性的民间曲艺之一，它区别于其他地区的花鼓戏，不仅有独特的表演形式，还有很高的文化艺术价值。它的表演采用了凤阳花鼓、汉调音乐、客家山歌等几个曲调，不同的曲调表达人物不同的情感，它的表演方式包括歌、舞和音乐，给人带来乐趣。平远的落地花鼓主要突出了唱、做、念的表演。落地花鼓在表演过程中，表演动作讲究放与收、动与静的巧妙结合，还根据伴奏乐器的节奏，动作收放自然且充满节奏感，给人以活泼的视觉形象。它的表演角色有生、旦和丑三人，生、旦、丑人物性格突出，根据角色的不同，表演的动作不同，穿的服装和唱的歌词内容都有所不同，突出了人物的个性特点。落地花鼓音乐风格独特，融入了凤阳花鼓调、汉调音乐和当地客家山歌小调，使其有着粗犷爽朗、地方色彩浓郁的特点，乐器以唢呐、弦乐、锣鼓伴奏为主。平远的落地花鼓最大的特点就是能即兴创作表演，极大地丰富了劳动人民的娱乐生活。

平远落地花鼓有三大艺术特点：一是它具有当地民俗色彩；二是它的曲调音乐风格独特，注入了客家山歌，给人舒适的听觉效果；三是它的即兴表演，即不会受到空间限制，就地可以灵活表演。所以它具有很高的文化艺术价值。

（4）旅游开发价值。落地花鼓具有娱乐性、观赏性，相关部门可充分发掘其民俗风情来建立落地花鼓民俗村、主题酒店、主题公园、主题长廊、风情微缩景区等，以此开发落地花鼓的经济价值。此外，可在节庆期间举办落地花鼓艺术节、落地花鼓论坛、落地花鼓体验馆等，既体现了浓郁的本土地域风情，又增加了旅游活动项目的地方特色和文化风味，提升了平远落地花鼓的旅游价值和吸引力。

4. 传承与发展

落地花鼓传入平远以前是福建省武平县的一种民间曲艺，当时它与船灯舞一起表演，是"船"上表演的一段程式，而不是独立表演的民间曲艺，主要由民间的各个村落或家族及群众自发组织排练演出。在传入平远后，平远县仁居镇的民间艺人对其进行了改革和创新，把落地花鼓从船上表演的程式演化到陆地上来，使落地花鼓的表演脱离船灯舞，成为现在独立表演的民间曲艺。再者，据《平远县志》记载：大概100年前，"落地花鼓"的表演形式发生改变，一是它从船上转移到陆地，这是当时民间艺人的一个大胆创新；二是它由原来丑、旦两个人的表演方式增加到生、旦、丑三个人的表演方式。因此，落地花鼓的表演也变得风趣诙谐，可使观众心情愉悦，后来逐渐成为一种民间特有的表演形式，落地花鼓因此而得名。落地花鼓是以唱、做为主，兼有道白的曲种。其曲主要有"花鼓调""瓜子仁""闹元宵""梆子腔"等曲牌，还有"八板斧""春传""平山乐"作为前奏和过门；器乐以箫为主，二胡、秦琴、唢呐、扬琴、板胡等八音伴奏；打击器有七星盘、响铃、夹板、小鼓、锣、钹；唱词中

125

既有民间歌谣，也有古典文人诗作，包括哲人箴言、先知告诫、民间故事、地方传说，充分体现了观赏性和娱乐性。以落地花鼓为艺术形式的节目，曾多次获市、县文艺汇演奖（见图2－103至图2－106）。

图2－103　2005年版落地花鼓《讲起现在生活顶呱呱》

图2－104　1999年参加广东省"艺术节　美食节　欢乐节"活动

图 2-105　2012 年参加"南粤幸福活动周·平远启动仪式"

图 2-106　少儿落地花鼓《客家情》

　　中华人民共和国成立后，平远县文化部门和民间艺人通过挖掘和整理落地花鼓的相关资料，才使落地花鼓不但保留至今，还创作了新的曲目和造型。平远文化部门整理了如 1962 年的《迎春花鼓》《农家乐》《为民理财》，1982 年的《新春乐》等传统花鼓。随着社会的发展，落地花鼓的题材内容不断从现实生活中吸收新的东西，同时也从成人表演扩展到少儿表演。1994 年《讲起现在生活顶呱呱》（见图 2-103）获平远县国庆文艺汇演一等奖。1995 年，落地花鼓参加了在梅州市举行的世

界客属恳亲大会的游行表演。1999 年，落地花鼓参加了广东省举办的
"艺术节 美食节 欢乐节"活动（见图 2 - 104），共演出了 24 场。
2003 年，平远县文化部门将落地花鼓艺术编入小学课本《梅州乡土教
材》；2004 年，又将其编入《平远县地方乡土教材》，使小学生从小就能
耳濡目染落地花鼓艺术。2004 年，相关艺人对落地花鼓进一步创新：保
留生、旦、丑 3 人，另外再加上 8 人伴舞，以多人合作的形式进行表演，
获得一致好评。2005 年《落地花鼓》被平远县旅游局和文化局列为五指
石旅游区的表演节目。2009 年 3 月 12 日，落地花鼓这一传统曲艺被梅
州市人民政府批准列入第二批非物质文化遗产名录。2009 年 9 月为平远
检察院导演编排的落地花鼓《执法为民谱新篇》赴市参加全市检察系统
汇演并获优秀奖。2010 年 8 月为平远法院导演编排的落地花鼓《平远法
院局面新》参加全市法院系统汇演并获二等奖。2010 年编排的落地花鼓
《又是一年佳节到》参加了平远县第六届脐橙节的演出。2012 年落地花
鼓参加"南粤幸福活动周·平远启动仪式"演出（见图2 - 105），同年
4 月为平远烟草公司重新导演编排作曲作词的《客家亲》充分体现了地
方企业文化特色。2014 年 1 月 28 日，参加石正镇举行的迎新春文艺晚
会演出，3 月 15 日央视《大手牵小手》在梅州平远举行，其中第四个节
目便是少儿落地花鼓《客家情》（见图 2 - 106）。2014 年 9 月 7 日，大
柘镇漳演村举办了中秋文艺汇演，落地花鼓也是表演曲目之一。2015 年
5 月，平远县举办中小学生文艺汇演，平远县第一小学的《落地花鼓》
获二等奖。2015 年 6 月 13 日，在梅州市"非遗大观年"专题文艺晚会
上，平远县表演的节目也是少儿落地花鼓。可见，落地花鼓在平远参加
各类表演或演出的机会较多，根据曲目的不同可以是成年人表演也可以
是少儿表演，落地花鼓在平远发展得相对较好。

随着社会的发展，为了迎合观众的喜爱，也为了使落地花鼓这一项目
不会失传，作为项目第九代传承人的洪树湘，对落地花鼓的表演形式、内
容、服装、道具的使用、曲调音乐等在原有的基础上进行了革新，使具民
俗特色的落地花鼓以崭新的面貌呈现在人们面前，以符合现代人的品位，
并把传承的具体实施方向定在了行业文化、社区文化、校园文化三大块，
让非物质文化遗产代表性项目的表演深入社区、学校，走进各单位。同

时，洪树湘还多次开办落地花鼓表演培训班，使落地花鼓代代相传，他先后作曲、导演编排了县财政局、县地税局、县法院、县检察院、县烟草公司等单位结合各自行业特色的落地花鼓，在各个行业系统的汇演当中屡获奖项，平远县市级非遗代表性项目落地花鼓的保护和传承工作得到了进一步的发展。

二、大埔迎灯

1. 历史渊源

猜灯谜、吃"冬丸"、舞龙灯、舞狮仔、"迎花灯仔"、祭祀等是客家传统元宵活动。其中，"迎花灯仔"是客家的一种习俗，由来已久。迎灯，客家话的意思是灯会。迎灯的含义有两种：一是观赏花灯，二是庆祝添丁。"灯"与"丁"在客家方言中为谐音，"丁"指的是家中男丁，所以迎灯有拜求人丁兴旺的意思。客家各地的"迎灯"活动主要在元宵节期间举行。茶阳城中饶姓是每年的正月十三迎灯，代代相传至今已有 200 多年了。因舞花环龙是"迎灯"活动的一部分，两者的历史渊源是一致的，这里不再赘述。

2. 大埔迎灯的灯笼制作

首先是龙头。当时的下马湖村受地理环境的制约，在夜间舞龙时，为了让舞龙更加灿烂绚丽，便在龙头内插放了蜡烛，导致龙头设计得过于高大，使其变得额角突钝，看起来不美观，形态又不逼真，单龙头就有 30 千克，舞动不便。经过数代人的精心改良后，龙头改用竹篾扎制，仅重 6 千克，舞动起来更灵活，外形更美丽，气势更加威武。接着是龙身和花环的制作。传统的龙身是用竹扎纸糊的，花环是用沙纸条做的，不但色泽暗淡，做工也比较粗糙不耐用；经过改良后，先用木架支撑龙身，再编扎竹篾、白布，上完油彩后，不单外形美观而且色泽鲜艳；用竹篾编扎花环后，再扎上反光色纤维材料带，就变得耐用又艳丽了。龙珠制作形状为圆形，颜色为红色，用竹篾扎圆，用上了油彩的彩布包上，为了方便转动，在圆中串上一根平衡轴。龙服根据龙的颜色分为红、青两色，红色龙服配红色龙，青色龙服配青色龙。龙服上印制龙的图案，寓以平安吉祥之意。

图 2 – 107　传承人在制作花环龙①

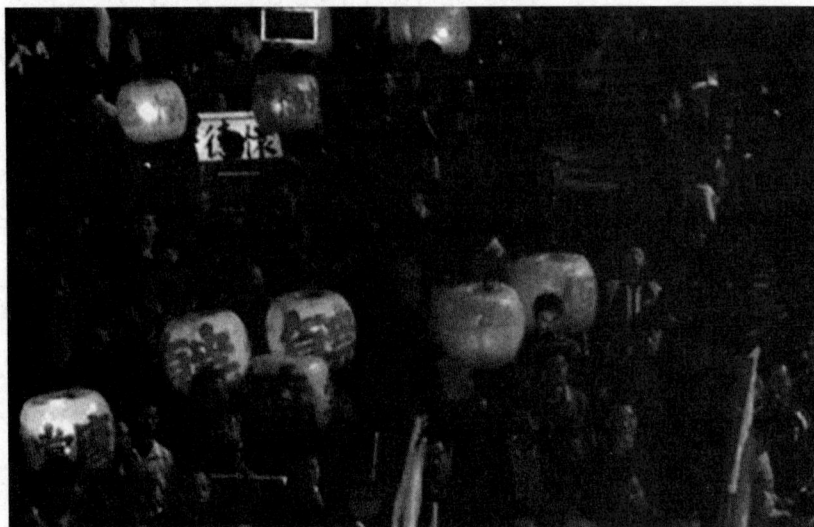

图 2 – 108　茶阳饶氏迎灯灯笼

①　图 2 – 107 至图 2 – 114 由大埔县文化馆提供。

3. 大埔迎灯的活动内容

（1）迎灯活动概述：

茶阳镇是大埔的老县城，从明嘉靖三十六年（1557）起至1961年，400多年来，大埔县城一直设在茶阳。茶阳镇以饶姓居多，民间有"饶半城"之说。饶氏族人在正月十三敬拜祖先，春季的拜祖迎灯活动由茶阳饶氏文化联谊会组织。每每在举行迎灯活动当日，吉衍堂外早早聚集了众多族人，祠堂内供桌上摆放好拜祖用的祭畜、水果、香纸、蜡烛、元宝锭等众多祭品。早上六点左右，举着红色、黄色、青色三条"饶氏花环龙"的龙灯队和茶阳周边各分祠的锣鼓队、彩旗队按照顺序来到大宗祠前。那时彩龙绚丽飞舞、鼓乐和喜炮齐鸣，能看见整个"进士广场"彩旗迎风飘飘，热闹非凡，场面称得上壮观、宏大。到晚上7点左右，饶氏文化联谊会会长宣告迎灯活动开始，联谊彩灯车在前面，彩旗、花环龙、风灯、对锣、高灯、牌匾、排灯的队伍在后面。队伍从大宗祠前出发，沿途经过"父子进士"的牌坊、神泉街、中山路、学前街、开发区、骑楼群、北门口、金山公园等地，巡游队伍接近千米长。一路上，但见龙狮飞舞、锣鼓和喜炮齐鸣，吸引了许多居民前来观看、拍照留念，沿路店铺、房屋门、饶氏族人的祠堂前都燃放鞭炮迎龙灯。

约两个小时后，巡游队伍回到"进士广场"，排好队，进行锣鼓表演；三条"饶氏花环龙"则又回到大宗祠前，再进行舞龙升灯的表演。吉时一到，吉衍堂内拜祖仪式正式开始，供桌上摆满祭品祭具，联谊会理事、分祠理事、宗亲代表、主祭、陪祭、礼生等众宗亲按辈分高低顺序就位，行跪拜礼、唱祝文、上香礼等仪式。仪式完成后，大门外开始放鞭炮、放礼花。周围充满了花烟祥云，预示着饶氏宗族人丁兴旺，万事如意的将来！

（2）祠堂迎灯祭祀活动：

祠堂最主要的功能是供客家人春天祭祖，祠祭是客家人的各项祭祖活动中最为重要的仪式之一。饶姓在茶阳人口最多，是旺族，茶阳镇里的饶姓祠堂有二十二座，到了正月十三迎灯的日子，近城的小靖、下马湖、大靖、洋桃等地饶姓的人都要回城祭祖。是从哪个祠堂迁走的，锣鼓就打到哪个祠堂，到了晚上就参加总祠的迎灯盛会。二十二座祠堂的灯由各自的

祠堂出发，先行的是斗灯，灯上写着某某祠堂，然后才排列出发，一路迎到总祠进行祭祖仪式。

图 2 - 109　迎灯的祭祀活动

图 2 - 110　迎灯的巡游活动

（3）舞龙活动：

中国自古以来崇奉的图腾就是龙，舞龙则是对远古龙图腾的崇拜。古人认为狮子是吉祥的象征，所以舞狮除了习武和娱乐作用外，人们还认为它能够驱邪镇妖、保佑平安。所以舞龙舞狮是梅州客家流传已久的传统体育文化，在梅州人的大小节庆中，舞龙舞狮最为常见，是最受欢迎的传统体育活动。在春节、元宵等节日，各县乡镇都有舞龙舞狮表演。花环龙又叫草圈龙、骑墙龙，因为茶阳镇下马湖村的"软腰龙"是大埔花环龙的前身，所以说大埔花环龙是改进后的民间舞龙灯活动。在 200 多年前，下马湖村民就已为祭祀宗祠而组织舞龙活动了。所舞的龙用竹扎纸糊成龙状，龙头内插上蜡烛，在村内外游行。每到春祭和元宵的时候，村民们都会举行舞龙活动。龙灯队会给每家每户带来吉祥祝福，龙灯进入一户人家后，首先要去祭拜灶神爷，因为灶神爷是一家之王；这家主人一则要拿红包给"龙灯"，二则在参拜龙灯之后，还要放鞭炮欢送龙灯出门，用来表示这户人家在新的一年会红红火火；接着，龙灯队会来到围屋前的禾坪上进行龙灯表演，其中难度最大、最刺激的一项内容是抛龙头表演，一般由年轻力壮的男青年来抛龙头，想要今年财运越旺就要抛得越高。舞龙活动体现了人们崇拜龙的精神，也表达了在生活中人们希望能像龙一样一飞冲天。

133

图 2－111　迎灯的舞龙活动

图 2 – 112　迎灯的游行活动

花环龙的龙舞是仿照民间传统龙舞的"骑舞"而来，吸收"站舞"的精华后合成了"骑""跪""坐""站"的独特舞法，然后与经过改良的"单龙戏珠""双龙戏珠"相结合，突出了合舞中的"跳龙珠""双龙抢珠""抢珠360度转动""双龙出海""卧龙走圆场""群龙腾飞""盘龙"等套路。更有音乐和锣鼓伴奏，使高潮与低潮节奏更加明显，舞法更加灵活。传承人在学习中可以根据舞法的特点按照套路分开练习再汇总。花环龙作为"迎灯"的一部分，使"迎灯"活动更具有观赏性，更好地调动了节日喜庆的气氛。

（4）赏灯：

灯会的花灯都是家家户户根据自己的喜好自己扎制的，各显其艺。花灯的主要造型是以竹篾为骨架，然后用糊纸来绘图，里面放上煤油灯（现在都改用电灯泡），完全是纯手工精心制作，体现了客家人的心灵手巧。花灯的样式五花八门：有长方形、五角形、圆形、菱形等。种类甚多：有像水中动物的灯，有像蔬菜水果的灯，有像各种各样的花的灯，有传统的走马灯，有像十二生肖中动物的灯，等等。每年也会有几件具有创新性的灯种在节日中展现给大家欣赏，当晚擎灯游行的队伍就像一条气势雄伟的"火焰神龙"游走在街道上。大埔赏灯会独具特色，每座灯都凝聚了各镇人民的心血。像以手工捏塑的一座座立体画屏，如"吕布戏貂蝉""水漫金山"等人们熟悉的民间传说，在这里得到了形象再现；还有一些微雕花盘，用蔬菜瓜果组成图案，精湛的手艺，令人叹为观止。近年来不少地方都增添了以陶瓷工艺为主的展览内容，迎灯的主体活动成为当地人文智慧的展示平台。

图 2 – 113 迎灯的赏灯活动之一

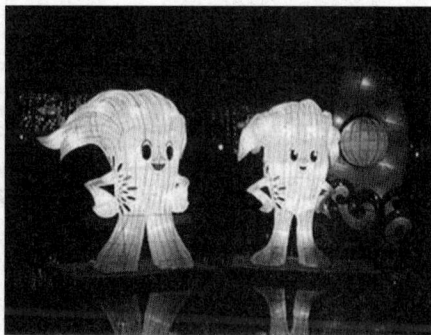

图 2 – 114 迎灯的赏灯活动之二

135

4. 传承与发展

大埔迎灯是在大年初一或者元宵节举行的，表达了人们对新的一年寄予美好的希望，期盼新的一年风调雨顺、万物欣荣、农业丰收、幸福安乐。年复一年，迎灯活动随着人们的期盼传承下来，大埔迎灯也表现了客家人不忘祖先，对先人的尊敬。迎灯仪式在年节期间由宗族成员共同举办，具有典型的凝聚族人、共同缅怀祖先、激励后人奋发向上的作用。这种精神上的需求促使迎灯活动代代传承。迎灯活动传承至今，仍受大埔人民的重视，平时外出打工、求学的大埔人，会克服一切困难回到家乡，参加迎灯活动，之后才复工、复学。这也反映出大埔人坚持传统、不忘祖先、积极开拓进取的客家精神。

三、五华下坝迎灯

五华县，古称长乐县，是梅州地区的"西大门"。下坝，地处五华县县城东部，有下一、下二和高榕三个行政村，面积约 10 平方千米，有

3 000多人，绝大部分为客家人。客家（人）根系中原，许多史学专家认为客家先民的主体部分是原黄河流域和江淮流域的汉人，从秦汉开始，由于战乱、灾荒等原因，大举南迁，抵达粤、赣、闽三地交界处，与当地土著居民杂处，互通婚姻，经过千年演化最终形成相对稳定的客家民系。客家文化是以中原汉文化为主体的移民文化，客家人具有十分强烈的寻根意识与乡土意识，虽经不同朝代更迭，但仍然保留着许多中原地区的传统习俗。五华县的"下坝迎灯"就是当地较为典型的传统体育项目之一。

1. 历史渊源

一是，相传500多年前，下坝一带经常干旱，粮食年年歉收，人们生活困苦不堪。为改变这一困境，下坝周氏七世祖周瑄公（1440—1507）率领年轻力壮的村民凿山引水，将油田镇洋漫畲村的河水引到下坝，全长约15 000米。工程期间，为筹集资金，周瑄公将彩灯、花灯的制作技术传授给村民。村民制作彩灯、花灯并出售，以确保工程顺利进行。后来，此工程受到朝廷钦差张副使的赞许，特旌匾"一方赞化"，并把引水圳命名为"周仙圳"。引水工程历时三年，并于元宵节当天完成。为庆祝"周仙圳"竣工，下坝村民组织迎灯、闹元宵活动。此后，当地周氏族人为纪念周瑄公的丰功伟绩，便在每年的正月十五晚上举行擎灯游行。游行队伍最前面的是锣鼓队，负责敲锣打鼓以振声势；接下来是擎灯队，周姓后人举着竹筒制成的油灯，沿着水寨下坝（周姓人居住的地方，今为河东镇）游行。

二是，传说周姓人有做灯笼卖的传统，因为造"圳"卖"灯"。客家话中的"灯"通"丁"，周姓人认为把灯笼卖了就好像把自己的人"丁"也卖了一样，进而产生不安的心理。为了摆脱这种不安，周姓人便在元宵节这天举行迎"丁"仪式（擎灯笼游行），把自己的"丁"给迎回来，祈求下坝人丁兴旺。邻近的其他姓氏生怕他们把自己的"丁"给迎走，不许他们经过自己的地盘，所以他们的擎灯路线也不会太远，只能在属于自己的范围内举行迎"丁"活动。

虽然两种说法都是传说，但是可以肯定的是，下坝迎灯活动有祭祀祖先和祈求人丁兴旺的基本寓意，下坝迎灯已成为五华县最具传统特色、最热闹的民间闹元宵活动。

2. 下坝迎灯灯笼的制作

灯笼的制作十分烦琐，制作前要挑选好上等的竹子，削成一根根又细又软的竹篾。用交叉的方式将竹篾编织成灯架，灯架中央要扎些竹圈固定在灯壁上；将专用的纸片进行着色漂染，裁剪成符合灯笼骨架的大小，粘在灯架外沿直至成型；最初用燃油灯芯，后来为了方便快捷改用电灯；可将骨架编织成自己喜欢的各种模型：有长方形、菱形、圆形；种类也非常丰富，下坝村的人们较常用的是鲤鱼灯、虾公灯、公鸡灯、花灯、十二生肖灯等。例如在猴年，制作者就会编织一些猴子造型的灯笼，在元宵节当晚，"齐天大圣"和"唐僧"可是抢尽了风头。

灯的造型是采用竹片为骨架，糊纸绘图，中燃油灯（现改用电灯），完全通过手工精心制作，巧夺天工。花灯有的摇头摆尾、有的展翅欲飞、有的张嘴觅食，极具观赏价值和艺术价值，成为周边村民和旅游者喜爱的艺术品。不同的灯连接起来，远远看去，像一条气势磅礴的"火龙"。河东东溪村的蓝梅林一家，祖上三代制灯，是村里的扎灯大户（见图2-115）。扎灯是个细致活，每个花灯至少要扎118度（指圆形转角的度数）。破竹篾、编制、刻印、画画、糊纸，每个细节蓝家人都亲力亲为，独运匠心。

137

图2-115　老艺人蓝梅林在制作灯笼（图片来源于五华新闻网）

图2-116　下坝迎灯的鲤鱼灯造型①

3. 活动内容

迎灯活动的内容之一"点灯"：正月十四吃完午饭，年轻人便到祠堂打扫，购买正月十五晚上所需的花酒和食品等，并把新灯请回祠堂。正月十五下午两点至三点，各房各屋先行"三献礼"祭祖。下午四点左右，一边由年轻人准备鼓花，一边由已婚女性带油灯到祠堂（油灯数量等于已婚男子人数）。一切准备就绪，众人先祭拜祖先，再由村中德高望重的长辈向先祖致辞祈福、烧香敬拜，行"三献礼"祭祖。三献礼：古代祭祀时献酒三次，即初献爵、亚献爵、终献爵，合称"三献"。晚上六点各房子孙到祖宗神位和诸神前参拜，并将各自带来的油灯用祭拜祖先的灯火点亮，带回家中，油灯一直燃到正月十六（但不同地方也存在不同，有的地方只要将点亮的油灯带回家即可），这叫点灯。

迎灯活动的内容之二"游行"：正月十五晚七点左右，吃完元宵后，当地居民就聚集在水寨大桥附近等待迎灯会的开幕。八点整，各房子孙在本村祠堂前祭祀，敲锣打鼓、舞狮（许多年前还可以燃放孔明灯，现在被禁止了），并点亮花灯。接着人们按照一定的顺序出来游行，一队接着一队（队伍主要由下一村、下二村和高榕村三个村的村民组成，每个村出几

① 下坝迎灯的相关图片由五华县文化馆提供。

个队，按照房头辈分的顺序出队）。游行队伍先在下坝堤集合，再沿着下坝堤经观礼台，转入大新街、米行街、老街等地，之后返回观礼台，最后各自抬着花灯回到村寨祠堂，游行结束。在观礼台有评委，评委由灯委会成员组成，负责给各队打分，得分较高的队伍会获得锦旗、现金等奖励。

游行队伍一般由以下部分组成：花车队、锣鼓队、鞭炮队、彩旗队、花灯队（多数为鲤鱼灯、生肖灯等）、表演队（主要扮演《八仙过海》《西游记》等故事里的人物）、群众队。不同村根据实际情况来选择游行队伍的组成，经济实力强、对迎灯比较重视的村，出的队伍多、节目也比较丰富。游行队伍中以年轻人为主，当迎灯队伍回到各自村寨的祠堂时，妇女们会提前把祠堂布置好，桌子上摆满各种糕饼干果、热菜、酒水。众人举起酒杯敬长者，相互祝福（喝花酒）。喝花酒过程中会"升灯"（就是把点亮的花灯升到祠堂的顶部）、猜拳、斗酒、吃"新丁"酒（这些酒菜一般都是由年前生了儿子的家庭提供）。

迎灯活动的内容之三"舞龙舞狮"：舞龙也叫"耍龙灯""龙灯舞"，从春节到元宵节，许多地方都有舞龙的习俗。龙在中华民族代表了吉祥、尊贵、勇猛，更是权力的象征。人们在喜庆日子里用舞龙来祈祷龙的保佑，以求得风调雨顺，五谷丰登。舞龙的主要道具是"龙"。龙用草、竹、布等扎制而成，龙的节数以单数为吉利，多见九节龙、十一节龙、十三节龙，多者可达二十九节。十五节以上的龙比较笨重，不宜舞动，主要是用来观赏，这种龙特别讲究装潢，具有很高的工艺价值。还有一种"火龙"，用竹篾编成圆筒，形成笼子，糊上透明、漂亮的龙衣，内燃蜡烛或油灯，夜间表演十分壮观。时至今日，舞龙经过不断发展和改进，已成为一种具有观赏性的竞赛运动。舞龙的动作千变万化，九节以内的龙侧重于花样技巧，较常见的动作有：蛟龙漫游、龙头钻裆子、头尾齐钻、龙摆尾和蛇蜕皮等；十一节、十三节的龙，侧重于动作表演，金龙追逐宝珠，飞腾跳跃，时而飞入云端，时而入海破浪。再配合龙珠及鼓乐的衬托，成为一种集武术、鼓乐、戏曲与龙艺于一体的艺术样式。狮子是祥瑞之兽，一贯被认为是镇邪、吉祥的象征，客家地区的舞狮队伍一般是由一个姓氏家族组建的，但最少都得有八个人：舞狮子两人，大头和尚一人，扮猴子一人，打锣鼓四人。

舞龙舞狮本身是一种武术活动，龙狮队的成员们争抢斗胜，都不愿意

139

甘拜下风，各自拿出看家本领，展示高难度动作。大家互相切磋和学习交流，同时也形成了全民健身的风气，成为节日活动中的一个显著特色。舞龙舞狮的人员基本上是中年人，一个表演队伍有15个人左右，龙狮队由各村组织各村委管理，所有经费由村民捐款得来。平日里龙狮队的成员们没有组织训练或是表演，元宵节前几日才组织一两天的排练。随着继承人的匮乏，部分村落有时直接请外面的舞狮队来表演。

图2-117　下坝迎灯中的各式灯笼

图2-118　下坝迎灯中的游行活动之一

图 2 - 119　下坝迎灯中的游行活动之二

图 2 - 120　迎灯活动之赏灯

图 2 - 121　迎灯活动之舞狮

图 2 – 122　迎灯活动之舞龙

迎灯活动的内容之四"升灯"：下坝村中谁家生了男孩，来年就要买一盏花灯悬挂在祠堂最高的横梁上。随着时代的变迁，早已不再是每家每户各自购买花灯，而是由村里长者统一购买花灯，最后统一升灯。生了男孩的家庭在游街时就要把自家的"新丁"带上，在经过各自的"伯公位"时进行祭拜。最后迎灯队伍回到祠堂，在长者的带领下，先向先祖致辞、敬拜，接着把去年挂在祠堂房梁上的旧花灯放下来，再把请回的新灯升上去。换下来的旧花灯不能随意丢弃，而是要放在祠堂的中央烧毁，烧之前先放鞭炮，响锣鼓，既是辞旧又是迎新，寄托了下坝人们对美好生活的向往。

迎灯活动的内容之五"喝花酒"：待到迎灯队伍回到祠堂，妇女们已将祠堂布置好，桌子上摆满了糕饼干果，还有热腾腾的下酒菜，白酒也早已准备妥当。人们按照辈分依次而坐，所有人的第一杯酒必须敬长辈，喝花酒这就开始了。猜拳、斗酒、吃"新丁"酒等是喝花酒的一系列活动。猜拳时，两个人站起来，彼此用右手伸出一到五根手指头，而对方必须猜中你所伸出的手指头是多少，并非直接说出数字，而是用吉利的话代替数字，例如竖起大拇指则对方要大喊：一顶公；伸出四根手指头则喊：四季发财，等等。期间，"新丁"的父亲必须及时给酒杯空了的人添酒，酒杯不能空着。现在，猜拳这个习俗已渐渐淡化，更多年轻人则用"石头剪刀布"来代替，也十分精彩热闹。直到凌晨一点多，热热闹闹的下坝迎灯闹元宵才算结束。

迎灯活动内容之六"武术活动"：因客家先民长期处在社会动乱和迁移的环境中，不同姓氏和宗族为了争夺生存物资等导致客家地区盛行习武之风，以维护自身的需要。客家自古武风盛行，流派众多，拳械复杂，有昆仑拳、刁家拳、岳家拳等。梅州还是刁家教、李家教、朱家教的发源地，千百年来孕育出了无数英雄豪杰，其中五华人的尚武精神在梅州地区最为突出，根据史载，清朝早期（乾隆二十四年、二十五年），五华出了三个武举人：李南馨、李威光、魏大斌。后来殿试魏大斌成了武进士，李威光被乾隆钦点为武状元，李南馨、魏大斌还率兵海战，大胜而归，扬名海外。因此各流派之间也会利用迎灯的节日来切磋武艺与学习交流。

4. 传承与发展

每年的元宵节，五华县河东镇下坝群众都要举行迎灯游行。寓意"花灯去了，又把花灯迎回来"，年年如此，象征财丁兴旺、吉祥如意，寄托了对新的一年风调雨顺、五谷丰登的美好心愿。迎花灯讲究喜庆，花灯不仅做工精美，还贴着"财丁兴旺""长命百岁""百子千孙"等祝福语。而且花灯讲究特别和寓意，只有"时价"没有"标价"。做灯有讲究，买灯也有讲究，买灯又称"迎灯"，且宜早不宜迟，上午九点到十点是最旺的时刻，一般不宜超过正午十二点。迎灯时还要用红纸包住竹竿两头表示两头红，竹竿则寓意来年步步高升，回到家还要燃放鞭炮相迎。五华县河东镇下坝的迎灯，流传于明朝成化年间，距今已近600年历史，下坝迎灯是客家文化的杰出代表，有着重要的人文、社会和艺术价值。下坝人民为纪念周姓七世祖周瑄公而组织的迎灯民俗庆典活动，是教育子孙后代饮水思源、爱国爱乡，体现了客家人崇拜祖先、重礼重教、团结向上的客家精神。

近年来，随着人民生活日益富裕，参加游灯闹元宵活动的房派分支越来越多，如2019年共有28个分支花灯参加了该项活动。为了加强对迎灯活动的组织与管理，使之隆重热烈、文明而又祥和，下坝人民成立了"灯委会"。灯委会成员根据各个小组的迎灯车的艺术造型、花灯的美观度、锣鼓队的节奏感，以及考察各小组对迎灯队伍的组织能力，评选出本届迎灯会的灯魁，奖品是由灯委会提供的锦旗一面。2008年，五

143

华县把下坝迎灯列入了第二批县级非物质文化遗产保护项目。下坝迎灯于2011年被列入梅州市第三批市级非物质文化遗产名录。2015年，下坝迎灯被广东省人民政府批准列入第六批省级非物质文化遗产名录。下坝迎灯传承客家文化，弘扬祖德，历史悠久。在近600年的发展历程中，随着人口的迁移，民俗活动得到广泛传承，现已流传至重庆，四川宜宾、成都，广西梧州、贺州、桂林和广东惠州等地。周林叨为下坝迎灯的传承人，已年近八旬。

四、大埔百侯龙珠灯

1. 历史渊源

大埔县百侯镇侯北村的迎龙珠灯活动是大埔县别具特色的迎灯活动。鲤鱼灯、舞狮、龙灯舞、狮子滚球灯舞、锣鼓吹、灯景等民间艺术给山区人民增添了春色，点缀了风光，通过不断发展逐步成为具有地方色彩和艺术风格的民间舞蹈。百侯镇侯北村迎龙珠灯活动的起源跟一个姓氏有关——"萧"姓。宋末元初，大埔萧氏始祖萧淳（宋末进士，任漳州通判、潮州路总管）为躲避战乱，辞官卜居于今梅州大埔县百侯镇侯北村，并且把迎龙珠灯的习俗带到了这里。一开始龙珠灯是用竹子做的火把，后来经过客家文化的熏陶以及对图腾龙的崇拜渐渐发展成现在的龙珠灯。而"灯"与"丁"谐音，人们认为可以通过迎灯这个仪式将"丁"迎回来，所以在正月十五元宵节当天举行迎灯仪式，将"丁"火从"祖宗"那里迎回自己家中。迎龙珠灯活动发展到现在已有700多年的历史了，具有深厚的历史文化意义。大埔百侯龙珠灯每条通常由108个特有的柱制灯笼组成，灯笼数融合了中国古代"九五至尊"和"水浒传"108条好汉的数字。各龙珠灯按照顺序游行，形成长长的队伍，寓意人丁兴旺。其特有的龙珠灯制作工艺和表现形式，同时融合了汉剧等文化元素，现为大埔县非物质文化遗产，是客家文化中的瑰宝。

2. 龙珠灯的制作

龙珠灯是板凳龙的一种，以木板和支撑做成"T"形，每节木板装上灯笼，有头有尾，节数有多有少，少则十数节，多达上百节，晚间舞动起来，灯火明亮，颇为壮观。龙珠灯的龙头和龙尾由篾子编扎而成，再用彩纸糊裱表面，进行装饰。龙珠灯龙身由木板和灯笼组成，龙身骨架是由若干块木板和活楔构成，即由两块木板一上一下、中间插入一个活楔组成，使得木板可以灵活摆动，让龙珠灯更具灵活性。其木板上有二十九个孔，其中两个孔用于与活楔组合，另外九个孔用于插蜡烛，最后十八个孔用于固定灯笼。活楔下面是一根长1米左右的长棍，长棍的作用就是给舞龙珠灯者手持。正常情况下，一条龙由12块木板组成，每块木板上大概有9个八角形的灯笼。龙身上的灯笼是由竹子削成细篾子，按八角形来编织的，编织时对篾子要求也很高，细了看不出，粗了容易折断，还要遵循中国传统的"五行六合"的矩确定长度和宽度，灯代表火，木生火，长度和宽度均要合五行的"木"。长度为九尺，刚好在"添丁"位置，宽度不能过宽，也不能过窄。编织完后在灯笼上糊上彩纸，一般是紫、绿、红、黄四种颜色。灯笼安装时一定要注意是否有预留通风口，而且预留的口要够大，不然蜡烛会把灯笼熏黑。在这个小小的灯笼上汇集了中国传统的五行学说、书法、绘画、剪纸等古代哲学和艺术技巧，是一个客家文化的艺术品。

145

图2-123　传承人在制作龙珠灯（图片由何日胜教授提供）

图 2 - 124　龙珠灯的灯笼[1]

3. 活动内容

（1）集合整队：

侯北村是百侯镇的重要村落。侯北村主要以萧（肖）姓为主，村里百分之九十是萧姓人。鸳鸯祠是整个侯北村萧姓人的宗祠堂，是侯北村最古老的祠堂。在正月十五当天，萧氏族人就会在百侯镇萧氏宗亲会的安排下，在规定的五个分祠堂中集合。集合的信号非常原始，主要是用锣鼓声，即"锣鼓声起，人齐聚"（见图 2 - 125）。崇德堂是萧氏总祠鸳鸯祠下的第一大宗祠，下午五点钟左右锣鼓声响起，不管是提前回到村中的已不在村中居住的崇德堂人，还是居住在村中的崇德堂人都陆陆续续到祠堂中集合，工作人员准备好祭品并且上好香，开始分发道具服装，服装大都由红色和黄色组成，象征着红红火火。五点半后基本所有

---

① 龙珠灯的相关图片由大埔县文化馆提供。

的崇德堂人都集结完毕，开始列队，且有专门的工作人员指引，龙头和龙尾由年轻强壮的男子手持，中间的龙身则全部由女子手持。从这点可以看出女性在客家文化中具有重要地位，以及客家人对女性的尊重。龙头前面还有三名13～15岁的男孩，左右两边的男孩手持"添财""添丁"两个灯笼，中间的男孩手持书写着"崇德堂"的长方形灯笼，灯笼里放置两根蜡烛（以下称这种灯笼为"牌灯"）。六点整，锣鼓和鞭炮声同时响起，龙灯"飞"起来了，龙身108个灯笼全部亮着。这时在旁准备多时的鼓号队也响起来了，一时间热闹非凡。队伍开始动起来了，缓慢地往村口走去，来到村口五个分祠的五条灯龙齐聚并摆出一个"丁"字的造型，这表达出百侯人渴望来年添丁添财的美好向往。

图2-125　锣鼓声起，齐聚祠堂

图2-126　龙珠灯崇德堂服装

（2）舞兰陵双龙：

龙也象征着神，在君权神授的封建社会，龙代表着封建社会的最顶端势力，它是皇族的代表，皇帝又被称为"真龙天子"，民间百姓将龙比喻成瑞兽，象征着美好的生活和憧憬。兰陵双龙在迎龙珠灯中具有重要的地位。兰陵本是一个地方的名称，兰陵出了伟大的世族萧氏，兰陵萧氏由寒门到世族，由世族到皇族，萧氏后人都引以为傲，就自称萧氏为兰陵。因此，萧氏后人就将他们的舞龙称为"兰陵龙"。机缘巧合，兰陵龙的舞法在康熙年间得到了一次变革。相传，康熙皇帝攻打南少林，导致南少林大量僧人外逃。南少林中一名毛姓和尚逃到百侯马山寺避难，毛和尚得到了淳朴的百侯人民的热心帮助。为表感激之情，毛和尚传授武术、舞龙和舞狮等技艺给当地人民，后来逐渐演变与发展成现在这种具有特色的龙舞。侯北村的兰陵双龙通过腾跃、翻滚、盘回、穿插、耸立等多种动作结合构成"双龙出水""二龙献寿""龙摆尾"等动作，再加上传统的汉乐器铜锣和大鼓结合的伴奏，十分精彩，观看起来让人热血沸腾。

148

图 2 - 127　龙珠灯活动之舞兰陵双龙

（3）取种传灯：

祠堂是放置祖先灵位之处，庄严肃穆，不但代表着祖先而且还是客家人祭祀祖先的场所。鸳鸯祠建于元末明初，由大埔萧氏祖祠"椒远堂"和大埔萧氏四世乐耕公祠堂"心臧堂"两个祠堂组成，俗称"鸳鸯祠"。在"五显大帝"和"兰陵双龙"的带领下，一条长长的灯火队伍缓慢向前，不一会儿就来到了萧氏总祠鸳鸯祠。各队龙珠灯按顺序在总祠门坪列队，各锣鼓队和牌灯到总祠内"取灯"。列队顺序为：第一级门坪，由内向外依次为上村双龙队、崇德堂龙珠灯队（围半圆）；第二级门坪，依次为墩顶、山下、柏子树下。取灯就是将在鸳鸯祠中供奉祖宗的灯火取来点燃牌灯，五条依次而来。其中点牌灯的人必须是德高望重、财丁兴旺、有福的人。取完灯后龙珠灯队开始巡游，目标是各个祠堂以及萧氏后人家中或者店面。龙珠灯队走到一处停下后，锣鼓队和牌灯就会进去附近的居民家中或者祠堂中。锣鼓队锣声鼓声不停，主人家就会取出自己的灯从牌灯处接灯，然后放在厨房灶头供奉灶王爷。当锣鼓队和牌灯出门时，主人家要放烟花鞭炮恭送，这意味着新的一年里这家人将财丁兴旺，万事顺意。龙珠灯队和观看的人群在晚上十一点左右才逐渐散去，整个村子都沉浸在浓浓的喜庆气氛之中。

图2-128　龙珠灯活动之集合整队

4. 传承与发展

大埔县百侯镇的迎龙珠灯活动历史久远，至今已有700多年。大埔百侯龙珠灯源于南宋时期江西、浙江南部和福建一带流行的"板灯"，萧氏肇基始祖卜居百侯后，将"板灯"传承到百侯，并称之为"龙珠灯"。"文革"时，百侯龙珠灯被搁置了一段时间。改革开放以后，随着国家开放性的政策出台，萧氏的一些长辈想恢复和传承这一传统文化，就组织大家集资把龙珠灯活动振兴起来。最初龙珠灯由未婚少女来抬，大家远看灯时，犹如一条穿行在田野中的"灯龙"；近看灯时，则可欣赏灯影阑珊中的妙龄少女。因此，迎龙珠灯在无形之中成了相亲的社交活动，或许在更早之前此功能会更显突出。现今，由于许多人外出，已没有足够的未婚少女来抬灯巡游了。

大埔百侯龙珠灯是传统民俗的精华，2016年11月21日被大埔县列入第四批县级非物质文化遗产名录，2019年1月13日被列入市级第八批非物质文化遗产名录。近年来，大埔百侯龙珠灯和以往大不一样，增加了兰陵龙珠灯队、鸳鸯祠小小锣鼓队、兰陵醒狮队，还有崇德和兰陵龙珠灯盘龙活动。古镇灯会有讲究，在百侯侯北，提前半个月就会在村里张贴公告进行宣传和动员，再经过大半个月辛苦的组织、筹划，一次令人难忘的龙珠灯会最终才能呈现在众人面前。龙珠灯是正月里百侯最盛大的民俗活动，龙珠灯这项古朴的民俗历经世世代代流传下来，在村民心中的地位十分重要。各龙珠灯队在总祠取灯后，便在全村各户游走，龙珠灯所到之处，村民都点好香迎接，迎灯接福，祈求新的一年心想事成，生活如红灯笼一样红红火火，圆圆满满，一年到头风调雨顺，国泰民安。大埔百侯龙珠灯传承人萧晓雄介绍，由于现在年轻人的生活方式和爱好兴趣不同，对民俗手工不太感兴趣，龙珠灯制作的传承人已经很少。而且由于现在外出打工的人员越来越多，能够参加龙珠灯活动（每场需要五六十人）的越来越少，举办龙珠灯活动面临着人员紧缺的问题。大埔县现今建立了一个文化馆来展览龙珠灯，以吸引更多人关注龙珠灯，同时还专门准备了几个房间用于教授龙珠灯的制作技艺。萧晓雄表示，他每年元宵节前都会让在家的小朋友帮忙做龙珠灯，并且龙珠灯活动中一些扛高灯的活动也会让小朋友帮忙。让小朋友通过参加这些活动从小感受民俗活动氛围，体验民俗活动中的角色，培养小朋友对民俗活动的兴趣爱好。此外，还通过一些龙珠灯的摄影比赛和掌上信息平台等宣传龙珠灯活动。

图 2 - 129　龙珠灯活动之盘龙

五、平远黄氏头部拳

"客家武术"是在客家人中流行的武术，是一种极具客家特色的地方传统武术。黄氏头部拳就是客家武术中的一种，于 2009 年被列入梅州市级第二批非物质文化遗产名录。

1. 历史渊源

黄氏头部拳始创于民国初期，是黄莲舫独创的一种拳术。黄莲舫是蕉岭县蕉城镇樟坑村人，是民国初期梅州市的著名武师，主要传授头部拳、散打、棍术、刀术、钯术、枪术、盾术等。黄莲舫从 16 岁起，在福建、江西和南洋（马来西亚）拜师学武，练就了散打、神打、叠骨、点穴、飞砣和棍术、刀术、钯术、钩术、镰术、枪术、剑术等，并取百家之长，独创了攻防结合的黄氏头部拳。

平远县东石大屋村的黄逵从小习武，少年时到马来西亚谋生，其间拜

当地的武师学会了"梅花拳"和对打、点穴。他结识了刚好在马来西亚的蕉岭同宗黄莲舫。两人经常在一起切磋武艺，成为好友。在黄逵的引荐下，黄逵同村的黄福春从28岁始拜黄莲舫为师，学习武艺和舞狮，是黄氏头部拳的第一代传人。黄福春回国后，经常利用黄逵从南洋回家探亲之机，向黄逵讨教梅花拳、点穴等武艺。在黄逵的帮助下（黄逵指出了黄氏头部拳重进攻疏于防守等不足之处，并提出了改进建议），黄福春把黄氏头部拳改良为攻防兼备的拳术，形成了较为系统且完备的黄氏头部拳。黄逵回乡后，与黄福春在东石一道招收了一些黄家子弟为徒，组织狮队，传授头部拳、梅花拳、散打和棍术、刀术、钯术、枪术、盾术以及舞狮技艺，逐渐发展到200多人学武练功，并涌现出40多名武功高强者。随后在平远县的大柘、石正、长田、热柘、超竹、坝头等乡镇设立武拳馆招徒教武。

笔者通过走访东石镇大屋村村民，了解到现今黄氏头部拳的主要传承人是黄政清和黄广华，他们会在逢年过节、祝贺、集会、婚庆、参军等活动中带领狮队到平远县各镇以及平远周边市县开展巡回舞狮和黄氏头部拳表演活动。但据了解，他们表演的黄氏头部拳并不完整，很多动作已经忘记甚至失传。随后，为进一步扩大大屋黄氏头部拳的影响力，他们在平远县的大柘、石正、长田、热柘、超竹、坝头等地设立武（拳）馆，招徒教武。逢年过节，该村狮队到全县各地乃至周边市县开展巡回舞狮和武术表演活动，又使黄氏头部拳得到了很好的传承和发展。

2. 黄氏头部拳的活动内容

黄氏头部拳等武术表演一般在舞狮表演结束后进行，其表演节目有拳术、棍术、刀术、钯（叉）术、枪术、盾术6项。其分别为：

①拳术，头部拳由单人表演，有时由双人表演"扣拳"，共有31个基本动作和口诀。

②棍术，由单人表演，有时由双人表演"扣棍"。

③刀术，由单人表演。

④钯（叉）术，由单人表演。

⑤枪术，由单人表演。

⑥盾术，由1人持盾和刀作对打表演。

152

表演时以大鼓、锰锣、钹、铛、七星盘等打击乐器作伴奏，节拍明快，气氛热烈。用2锣、1鼓、1钹敲打助威和指挥。拳术表演的伴奏明快热烈、刚劲有力，而其他械具表演时伴奏紧密且时重时轻。每表演完一项则敲打一阵闹场锣鼓节奏以便衔接下一项（即转场）。

3. 传承与发展

黄氏头部拳表演起来热烈欢快，惊险刺激，深受各地群众欢迎。中华人民共和国成立后，黄遑、黄福春设立的武馆被取消，村内练武者逐渐减少，可贵的是狮队仍每年坚持开展活动。20世纪80年代改革开放以后，黄氏头部拳等武术表演又开始在舞狮表演结束后出现。

近年，政府加大力度宣传和保护优秀传统文化，让黄氏头部拳又迎来了蓬勃的春天，大屋村黄氏宗族中的不少青少年学习家乡武术技艺的兴趣浓厚起来了。通过该技艺第三、第四、第五代传人黄清忠、黄晓华、黄展平等的悉心传授，已有不少习武者基本掌握了舞狮和头部拳完整的一套技艺。2009年3月，黄氏头部拳被列入梅州市第二批非物质文化遗产名录。

153

图2-130　东石中心小学的学生表演黄氏头部拳之一①

---

① 黄氏头部拳的相关图片由平远县文化馆提供。

图 2 - 131　东石中心小学的学生表演黄氏头部拳之二

图 2 - 132　东石中心小学的学生表演黄氏头部拳之三

图 2 - 133　东石中心小学的学生在训练

　　特别可喜的是，该镇东石中心小学自 2015 年被列入平远县仅有的几所"学校少年宫"学校，在开展的众多学生活动项目中，"黄氏头部拳"被列为其中一项。在大屋村安排的指导教练的传授下，有近 50 名在校学生已初步掌握了该项技艺的要领。在县汇报演出中，虽是小学生，但表演起来有模有样，一招一式清晰到位。平远黄氏头部拳能否得到广泛传承，能否摆脱地域限制，为更多的人所了解、熟知，是目前要解决的问题。而"学校少年宫"这一平台，让人们看到了希望与未来。

第三章　梅州体育非物质文化遗产的
传承与发展

第一节　梅州体育非物质文化遗产传承与发展困境

伴随着社会进步、时代的发展和科技水平的不断提升，人们的生活方式、思想意识都发生了翻天覆地的变化。文化的"时移俗易"体现得尤为明显，现代文明对传统文化的发展带来了巨大的冲击和挑战，非物质文化遗产的传承与发展举步维艰。客家体育非物质文化遗产是客家传统文化的重要组成部分，是客家文化传承与发展的重要内容，是客家文化体现人与人、人与自然之间关系的缩影和代表。在当前信息发达、新科技快速发展的时代背景下，客家体育非物质文化遗产的传承与发展同样面临着各种困境。主要有以下七点。

1. 非物质文化遗产传承人的缺失

非物质文化遗产传承过程中最重要的能动载体是传承人，是直接参与非物质文化遗产传承和沿袭的个人或群体（团体）。与我国很多其他传统体育文化一样，伴随着人们生产生活方式和价值观念的改变，现在年轻人更多地追求多样化的现代生活方式，较少接触和参与各类民族、民俗传统文化活动，青年一代参与者的流失给各类非物质文化的传承带来了极大的冲击。

非物质文化的发展离不开技艺的传承，尤其是一些特殊的技艺。例如，近年来大埔百侯镇大部分懂得制作龙珠灯笼的艺人都已年迈，很少年轻人愿意去学这门手艺，懂得龙珠灯舞法技艺并且会舞龙珠灯的人数也勉强能够组成龙珠灯队伍。大埔鲤鱼灯舞的传承方式主要是"口传心授"的活态传承，现在鲤鱼灯舞同样在传承困境中出现了"青黄不接"的现象，传承人年龄结构呈现老龄化趋势，大部分能熟练舞鲤鱼灯的艺人都已年过四十，年轻人参与鲤鱼灯的积极性很低。随着许多舞鲤鱼灯的老艺人先后去世，鲤鱼灯舞的传承与发展受到了严重的影响。此外，大埔地区的花环龙、黑蛟灯、仔狮灯等非物质文化遗产项目都需要参与者具备丰富的经验、娴熟的技巧和扎实的基本功，而现在的年轻人大多不愿意去掌握这些又苦又累而且挣钱又少的非遗项目。

近年来，五华下坝制作迎灯灯笼的艺人逐渐老去，年轻人认为学习和制作灯笼太烦琐枯燥。偶尔有年轻人参与也仅仅是为了凑凑热闹，感受一下活动气氛，在技艺上也只是简单编织一些鲤鱼灯、虾公灯等，目前会制作十二生肖灯笼的艺人仅有一位耄耋长者。五华竹马舞也因为表演人员年龄老化，年青一代传承缺失而濒危失传。此外，蕉岭广福船灯舞的第六代传承人已年逾花甲，但是还在带领村里的群众排演船灯，并建立了一支船灯花鼓队，队伍中的成员大部分都是中老年人，极少有年轻人参与。蕉岭广福船灯舞文化在年青一代的记忆中逐渐变得模糊。

席狮舞是一种传统、独特的民俗民间舞蹈。舞者（即僧人）是主要的表演者，他们采用嫡传师傅带徒弟的传承方式，口传心授。由于席狮舞需要掌握席狮的制作、音乐和动作搭配等技艺，因此习艺周期较长，难度较大。现今，年轻人多不愿学，席狮舞出现后继乏人的现象，面临断代失传的传承困境。据悉，席狮舞的传承谱系，第一代为释基尧（已故）；第二代为泉源师、宗文师、淡华师、绍华师、释彰龙（省级代表性传承人，2015年3月7日去世）；第三代为释宝华（省级代表性传承人，现年56岁）；第四代为池千福（又名释常福，市级代表性传承人，也已经30多岁）。

目前，兴宁杯花舞的传承人只有林惠文先生一人，林惠文先生曾在三十年多年前担任兴宁市文化馆的干部。他已年近60岁，为人老实、踏实刻苦，在任期间曾多次对杯花舞进行深入研究与创新，为杯花舞的发展做出了较大贡献。然而，由于杯花舞的爱好者不多，对杯花舞的了解与研究的人甚少，想要找到一个能够真正传承杯花舞的人是非常困难的。

平远落地花鼓的传承人韩齐德先生说："落地花鼓现在处于濒危状态，它的传承包括师徒传承和社会传承两种方式，由于受到多元文化的冲击，很多乡镇的年青一代追求时尚文化，极少会有人愿意学习和参与，导致落地花鼓技艺相继失传，如今极少部分的乡镇遗留下来的都是在县政府部门的扶持下才得以保留的。再者是现代人的生活方式和观念的转变，保护和传承传统文化的意识逐渐淡薄，年青一代常年在外，回家甚少，难得的假期不是旅游、聚会，就是陪家人。如果当地政府和老一辈的民间艺人不带头组织排练，那么落地花鼓基本就没有人参与了。"

保护和培养非物质文化遗产的传承人是非物质文化遗产保护与传承的重要组成部分，在非物质文化遗产传承保护中充分发挥传承人这一群体的作用至关重要。

2. 技术发展陷入停滞状态

创新是引领发展的第一动力。如今大埔地区的迎龙珠灯虽有创新，但仅仅只是表面上的创新，没有在舞龙技术上、传统流程上进行革新。比如以前是用火把的形式现在演变成了用灯笼；以前只配备锣鼓队，现在添加了鼓号队；近几年还专门请了航拍的无人机进行宣传和记录这一隆重的活动。这些改变都属于创新的一部分，但是迎龙珠灯仍然面临着舞龙的步法、手法停滞不前的问题，也缺乏能够深入研究和革新技术的专业人员。大埔迎灯也在表演中添加了不少创新元素。比如以前是用蜡烛当灯芯，现在改用小电灯泡。在灯笼的制作上，不是一味地只有古老的故事或者人物，也会新添奥运福娃等与时代紧密相关的灯笼元素。但是迎灯中舞龙、舞狮的表演还是一些旧的动作，表演形式也显得比较单一。

据平远船灯传承人介绍，制作一艘船灯不是几天就能完成的，整个制作过程其实质就是一个工艺品的制作过程，其做工程序复杂，制作过程呈现出相当高的技巧性。另外，船灯的制作需要充足的资金源，由于手工的繁杂、船灯工艺行业的衰退以及资金缺乏等原因，船灯的制作技艺开始渐渐淡出人们的视野。平远落地花鼓是一种具有客家特色的民间曲艺，但是它的表演范围小，一般局限于本地方表演，因为表演内容和形式上的创新不足，在很大程度上限制了落地花鼓的传承和发展。平远落地金钱舞也是属于一种小范围、小规模的民间舞蹈，其自身特色还不够明显，舞法过于单调，整场表演似乎只有队形的变化，技术的创新还有待加强。

随着时代的发展变化，越来越多各式各样的舞蹈融入人们的生活，导致民间传统舞蹈日益受到"排挤"。对于杯花舞而言，在其编排的过程中，仍保留着较古老的技术动作，编排手法陈旧。杯花舞创新力不足，并且过于古板、队形、队列单一，舞蹈动作相似度比较大，导致其表现不够完美，与其他民间舞蹈相比，难以吸引眼球，难以得到追求时尚的广大群众的喜爱。此外，从事杯花舞编排的工作人员较少，特别是缺乏年青一代的参与，因此编排创作难以融入时尚元素，跟不上时代发展的步伐。杯花舞的音乐极具客家风采，而且旋律优美，它的音乐其实也是由独具客家特色的客家山歌改编而成的，富有极强的民族性和区域性。但是，它始终保持着原有的音乐元素，没有增加新的节奏感，缺乏了时代感和创新，无法在不断变化的时代里突出其独特的魅力。

3. 政府扶持力度不够、资金投入不足

传统的舞龙舞狮可以在人们乔迁新居、店铺开张、节日庆典、竞技比赛等活动中进行表演并获得一定的经济收益，而大埔迎龙珠灯活动大部分在正月十五前后表演，很难在平常生活中组织活动并产生经济收益。由于迎龙珠灯活动的人员队伍较为庞大，所需资金相对较多，政府投入的资金有限，迎龙珠灯的经费多由乡镇村民自发筹集，导致迎龙珠灯这一非物质文化遗产开展的规模受限，资金问题成为影响迎龙珠灯活动发展不容忽视的一个重要问题。同样，大埔百侯鲤鱼灯舞虽然表演别具风采，但是在鲤鱼灯的制作上还是遇到了很多困难。一般一套鲤鱼灯的制作需要 1 万元左右，而这笔资金、用工等大多靠本村村民自发筹集或是一些乡贤资助。由于大埔县地处经济欠发达地区，财政基础非常薄弱，因此无法投入太多的资金用于传统体育项目的传承和保护工作。政府扶持力度不够、资金投入不足，同样限制了鲤鱼灯的保护和传承工作。

丰顺埔寨火龙的制作工艺、表演音乐等具有独特的文化特点。龙是这些文化的载体，一般制作一条火龙需要 2 万~3 万元，而制作火龙所耗费的人力、物力和财力等大部分都靠本村村民来解决。从可持续发展的角度来看，这种体育文化的交流只有紧密结合当地的经济发展，才会有更广阔的发展空间。而同样是因为地区经济的发展滞后影响到火龙的传承与

发展。

五华竹马舞也存在保护经费投入不足的问题。由于竹马舞的保护经费投入不足，导致其有关资料、相关历史资源、传承谱系等重要物件资料丢失，难以建立有效的系统保护信息档案。此外，创建竹马舞活动基地，挖掘、创新竹马舞活动，培养竹马舞艺术新苗等都需要强大的资金支持。经费不足是导致竹马舞失传的重要原因之一。

平远县县政府、县委对民间艺术高度关注，2007 年在县文化馆的合作模式下，投入大量资金，对落地金钱进行挖掘、整理、保护，预计资金需40 多万元，用于扶持、发展落地金钱舞艺术。现阶段已经开始实施保护计划，其中：落地金钱的原始资料搜集整理费为 8 万元；编辑、出版《落地金钱舞》专辑，30 万字，5 000 册，每册 30 元，共 15 万元；录像、录音、数字化多媒体等诸多方面的制作费为 10 万元等。但是，由于平远县地处经济欠发达地区，政府投入有限，资金链出现断层现象，落地金钱的拯救、保护等工作还是略显滞后。同时，平远县很多地方的落地花鼓表演相继失传，这无形加大了对落地花鼓资料搜集的难度。再加上落地花鼓的传承基本上是靠口传相授和社会传承两种方式，没有完整的文献资料或书籍，只能根据老一辈传承人口述来记录搜集资料。此外，搜集的资料需要造册、编辑整理和建立档案资料库，以及对造册的书籍、光碟等资料的管理和保存，需要大量人力、物力和财力，这些都需要政府的大力支持才能顺利开展。

4. 宣传力度仍需加强

蕉岭县广福镇于每年正月初三和十五举行船灯表演，能够吸引很多民众。在蕉岭县广福镇石峰村，农民自编自导自演船灯舞，遇到节日或者喜庆活动才在村里演出，主要观众是当地聚居的民众，也有少部分是来自梅州市其他地区的观众，极少有来自广东省其他城市的观众，这与当地政府对船灯的宣传力度不足有着密切关系。

五华竹马舞表演主要是通过口头形式和书面方式等单一的形式进行通知宣传。当地文化娱乐场所的建设设施较少，难以让当地人进行娱乐健身等活动，更不能够让当地的人民了解到当地文化——竹马舞的情况，原因主要是五华县还属于贫困县，基础设施的资金投入不足。

目前，大埔百侯鲤鱼灯舞的宣传方式主要有电视广播类、电脑网络类和报纸类。电视广播的宣传和电脑网络的宣传主要集中在梅视网、大埔人民政府网、大埔论坛、广东文化网等，如 2010 年广东文化网对鲤鱼灯舞进行过介绍。报纸类的宣传主要集中在梅州当地，大埔县政府虽然对百侯鲤鱼灯舞进行了一定的宣传，但在时间、频率、力度等方面仍需加强。大埔迎灯活动主要在大年初一或者是元宵节举行，大埔和梅州的电视台在迎灯活动期间对其进行了现场采访和报道。但从观众分布情况来看，除了大埔当地居民和部分梅州地区居民外，来自其他地方或其他城市的观众较少。另外，因迎灯活动举行时间在元宵节期间，能够来大埔旅游并欣赏迎灯的外地游客数量更少，这样也对迎灯活动的宣传产生了一定不利影响。

丰顺县埔寨地区每年正月十五都会举行火龙表演。目前，丰顺埔寨火龙的宣传方式主要有电视广播类、电脑网络类和报纸类。电视广播类的宣传，例如 2012 年凤凰卫视用约 1 分半钟的时间对丰顺埔寨火龙进行了介绍；电脑网络的宣传主要集中在梅视网、丰顺人民政府网、广东文化网等，2014 年广东电视网对火龙进行了近半分钟的介绍；报纸类的宣传主要集中在梅州当地，例如 2014 年 2 月 15 日《梅州日报》以"丰顺埔寨：四条'火龙'闹元宵"为题，刊登了 500 字左右的文章对火龙进行了简单介绍。平远县对落地花鼓、落地金钱舞的宣传存在宣传力度、广度和深度不够的问题。没有定期和定点进行宣传表演，特别是缺乏针对年青一代的宣传，年轻人对落地花鼓和落地金钱舞的兴趣不大。由于没有充分利用电视、广播、多媒体网络、报纸和杂志等不同方式进行宣传，缺乏与外界交流，限制了落地花鼓和落地金钱舞的发展。平远县是贫困县，政府财政部门也难以及时解决这些问题。

杯花舞是属于兴宁地区的体育非物质文化遗产，兴宁地区的民众应该对杯花舞有所了解。但是，笔者调查中发现该地区有大部分人是不了解杯花舞的，甚至有不少人没听说过杯花舞。据了解，该地区接触杯花舞的人群中，除了从事表演和舞蹈的专业人员外，还有一些中年妇女，以及技术学校的部分学生。杯花舞的参与人数很少，而且民众基础薄弱，可见其宣传力度还远远不够。

此外，笔者通过走访东石镇大屋村和石正镇的一些村民，了解到：村

民对体育文化并不十分了解，很多人并不知道黄氏头部拳和龙舞是什么、有何作用。

5. 与学校教育的结合不足

随着现代体育的引入与传播，学生平时参与的体育锻炼项目也逐渐发生改变。例如，几十年前小学生玩的是踢毽子、跳房子等传统游戏，而现在的小学生主要玩轮滑、跳街舞等。随着西方现代体育文化的强势渗透和广泛传播，客家传统体育文化势必会受到猛烈冲击。教育是人类社会文化传承的主要途径和手段，作为兴国之本的教育，同样也是传承非物质文化遗产最为有效的途径和方法。而现代的学校教育又使得孩子们从小就远离这些传承下来的非物质文化遗产。虽然年轻人会对这些工艺、技艺赞不绝口，表示有学习的意愿，但是由于缺乏生活文化作为传承的心理基础，这些非物质文化遗产项目很难在短时间内进入教育系统。因此，随着时间的流逝以及艺人的渐渐离去，个体传承面临着前所未有的危机和压力。在当前非物质文化遗产保护的热潮之下，各级政府和相关部门当务之急除了着手挖掘那些具有较高艺术价值却已濒临灭绝的民间工艺、技艺及其代表性传承人，对"个体精英型传承人"采取有效的保护措施和鼓励政策之外，更多的是要结合学校教育，激励新人去参与、去学习、去保护、去传承。

在蕉岭，船灯舞与学校教育相结合的情况相对来说比较少，在蕉岭地区各中小学，没有专门的关于船灯传承的教材和教学。出现这种情况并不是因为学生对船灯舞没有兴趣，而是他们根本就不知道、不了解船灯舞。因此，如何使船灯舞在制作和舞蹈上全面进入中小学体育，将成为船灯舞学校传承的关键。在平远，体育非物质文化遗产与学校体育的结合呈脱节状态。平远县中小学的体育课程中，都是以如何提高体育方面的各项成绩为主，极少有涉及体育非物质文化遗产方面的教材或教学内容，一些学生根本就没听说过石正龙舞、仁居香火龙、黄氏头部拳等体育非物质文化遗产，有关部门、教师对此也不重视。

大埔迎龙珠灯活动起源于祭祀、宗教等活动。因为迎龙珠灯的家族传承性，目前迎龙珠灯还未引入学校教育中。为了保证传承的不中断，通过科学的选择和计划将迎龙珠灯活动中的舞龙、美术、绘画、手工制作等环节引入课堂，发挥舞龙珠灯的娱乐性和健身性功能，同时也可带动学校体育的发展。由于五华县还是属于极度贫困的山区，对中小学的课外活动的组织，如武术、传统舞蹈等比赛，暂时还无法实现，学校体育馆等教育场所尚未发挥其作用。学校教育是民族文化遗产传承与发展的重要渠道之一，但当前学校教育还基本处于知识普及的阶段，很少涉及文化遗产保护与传承的内容。

6. 现代生活方式与现代文化的冲击

受到现代生活方式和现代文化的冲击，民间原生态的席狮舞赖以生存、发展的社会基础发生了变化，部分传统民俗日益淡化，特别是殡葬制度的改革，提倡丧事从简以后，席狮舞在乡村民俗中的活动范围逐渐缩小，过去那种为长辈办丧动辄半个月、一个月的场面一去不复返。虽然近几年文艺工作者对其进行了艺术加工、提炼，但投入推广的力度还不够，了解和学习席狮舞的人非常少。

在市场经济的冲击下，大部分爱好五华竹马舞的艺人纷纷外出到经济发达地区谋求发展，致使民间的竹马舞传人青黄不接，老艺人越来越少，青年人又不愿意学，这在一定程度上制约着竹马舞的传承和发展。目前，五华地区很多村落已经很少组织竹马舞活动，如不加大抢救、保护和传承的力度，五华竹马舞濒临失传的状况难以改变。

随着经济的快速发展和受到多元文化的冲击，平远县的非物质文化遗产受到严重冲击。传统的落地花鼓面临严重挑战，它的表演由原来大部分乡镇在丰收、节日期间自发组织表演，缩减至只剩下零散几个乡镇，如差干镇、仁居镇和上举镇。同时，伴随外来文化的冲击，我国传统思想文化意识越发淡泊，如中国七夕与西方情人节，尽管都是歌颂爱情的节日，遭遇却不同，情人节大家都趋之若鹜，七夕却非常惨淡。年青一代，大都推崇当代多样性的文化生活，导致落地金钱这种传统的文化一直处于被冷落的地位，表演、生存的空间不断变小，严重制约了客家民族文化的发展、保护。

7. 申遗与保护工作不协调

目前，在非物质文化遗产工作中，不同程度地存在"重申报轻保护"的现象，地方政府往往在申遗成功后就忽视了对该项目的保护。申报前往往较重视文化普查工作，并尽可能地梳理当地的文化资源。客观地说，申

遗确实让更多的人了解了这些项目，也使得人们更加重视非物质文化遗产，但是真正保护非物质文化遗产才是最重要的。地方政府要在申报的同时落实具体保护措施，让具有浓郁地域特色的非物质文化遗产能通过当地民俗节日、通过政府与民间组织的操作，走近群众，满足群众的文化需求，同时更好的保护该文化、让其真正传承下去。例如席狮舞，虽然政府及有关部门做了一些挖掘、抢救、整理、升华和弘扬等工作，但由于种种原因，席狮舞仍然面临着生存问题。

当前，对非物质文化遗产的研究、保护、传承与利用也存在地区间、项目间不平衡的现象。一方面，大体上可以判断，普查申报与活动展开阶段以基层文化部门为主，研究阶段以科研机构为主，传播与开发利用阶段又以文化公司为主，三批人马没有很好地整合起来，至少存在专家介入的深度不够、开发利用不够严谨等问题；另一方面，非物质文化遗产工程涉及的项目很广泛，涵盖口头传说和表述（包括作为非物质文化遗产媒介的语言）、表演艺术、社会风俗（含礼仪、节庆）、有关自然界和宇宙的知识和实践、传统的手工艺技能等五大方面，每一项又涉及它的历史与现状、表象与内涵、整体与特质等多侧面、多角度、多层次需要解决的问题，需要多学科协同合作。

目前，对非物质文化遗产的保护还存在一些认识不一致、不到位的地方，比如研究方面有些项目至今还很少甚至查不到相关成果，还停留在一般的介绍层次，这在某种程度上是不利于非物质文化遗产保护的，没有研究基础会使其在传承传播与开发利用阶段"失真"乃至"出轨"，反而失去它的文化魅力与群众基础。以席狮舞为例，近年来政府部门在文化遗产保护工作方面，国家层面非常积极，做了大量工作，也取得了一些成绩，但在地方层面则保护和传承缺力，关于文化遗产保护的法律和规定没有很好地落实，忧大于喜。因此，呼吁地方政府和有关部门应该积极承担起保护和传承文化遗产的责任，研究和保护等工作要统一进行，协同合作。

第二节　梅州体育非物质文化遗产传承与发展策略

充满民族精神和民族智慧的民族传统体育是民族非物质文化遗产的重要组成部分，民族传统体育活动的传承与发展应站在国家非物质文化遗产保护和民族非物质文化发展的高度来审视。在新时期社会结构和思想意识发生重大转变的背景下，在电视、电影、信息网络等现代媒体快速发展和高度普及的文化大发展的环境下，如何适应市场经济发展带来的商业契机，如何适应东西方文化发展的交融，针对梅州市体育非物质文化遗产的传承和保护提出如下对策：

1. 积极发挥政府的引导作用

体育非物质文化遗产的传承和发展是全体民众的事业和行为，个人和民间组织难以独立承担起传承与保护工作，必须积极发挥各级政府的主导作用，形成一种自上而下的政府主导机制。政府有关部门应遵循"保护为主，抢救第一，合理利用，传承发展"的工作指导方针，引导非物质文化遗产的改革与发展。政府各部门应着力提高对做好非物质文化遗产保护工作重要性和紧迫性的认识，科学规划和处理非物质文化遗产保护与地方经济发展、人民群众生活条件之间的关系。各地区建立和完善非物质文化遗产专项资金制度，用于体育非物质文化遗产项目的资料搜集、挖掘、整理、保护和发展，以及非物质文化遗产项目的宣传和开发，加强项目保护力度。各级政府部门要建立健全领导机制和管理机制，定期对辖区内的非物质文化遗产进行深入的调研和普查，汇总非物质文化遗产项目传承与发展的现状、问题和困境，探寻非物质文化遗产项目保护与传承的科学路径。

为了促进梅州地区体育非物质文化遗产的科学保护和有效传承，梅州各地区相关部门结合地区实际也在积极探寻相关的对策和措施。例如，大埔有关部门积极落实"推动绿色崛起，实现科学发展"的战略，为了提升客家文化，丰富"世界客都"内涵，正在积极加强制作百侯鲤鱼灯、服装、鼓乐演奏等的相关队伍的建设。通过科学保护，可持续发展的理念推

动大埔"迎灯"文化的传承与保护，使这些传统文化的传承后继有人。丰顺县埔寨镇也在不断加强制作龙灯、擎龙、舞龙、安装烟花、鼓乐演奏等的人才队伍的建设。体育非物质文化遗产的保护与发展，不单纯是技术的传承与发展，更重要的是非物质文化的传承。丰顺埔寨火龙民俗传统体育文化活动是中华民族文化的重要组成部分，是民族文化的宝贵遗产，它蕴涵着深厚的民族文化积淀。如今丰顺埔寨火龙能够延续下来与当地政府的保护和舞龙文化的传承密不可分。

在保护体育非物质文化遗产的过程中，既要保护体育非物质文化遗产赖以生存的文化生态环境，坚持体育非物质文化的大众化、普及化，又要避免体育非物质文化遗产的发展过度专业化、竞技化。所以有关政府部门要深入群众，了解地方民情，充分发挥政府的引导作用，使非物质文化遗产向可持续方向发展。同时，还应加强对传承人的继承与保护，延续当地的文化遗产。例如，笔者在研究兴宁杯花舞的过程中发现，杯花舞的传承与发展仍有较大的不足，兴宁政府应当在加强非物质文化遗产杯花舞保护的基础上，不断地转变创作方式，增加时尚元素，以适应社会的发展。

2. 激发学校教育的传承功能

教育的本质即传授文化知识，它是有组织、有目的、有计划地培养人的活动，教育具有传授知识与技术、传播文化的功能，学校是文化知识传递和延续的主要场所。作为兴国之本的教育，同样也是人类社会文化传承最为有效的途径和方法。学校作为一个重要的文化传承媒介，对体育非物质文化遗产的发展具有重要的意义。相对于其他教育场所而言，学校是社会有计划、有目的、有组织地培养人的专门场所，集中了社会及民族文化主流的教育意识和教育方式，代表着主体文化的走向。尤其学校教育的培养目标、学风、学术气氛及管理机制对学生传统体育文化的保护意识和发展行为的培养具有重要作用。

客家人自古以来就有崇文重教的传统，梅州市亦是著名的文化之乡。因此，对于梅州体育非物质文化遗产的传承，从学校教育出发不失为一种行之有效的方法。为此，梅州部分地区非物质文化遗产管理部门也在积极尝试将体育非物质文化遗产项目纳入学校教育体系，开发学校体育文化教育资源。

例如，大埔县在利用学校资源传承体育非物质文化遗产方面积累了很多成功的经验。大埔青溪仔狮灯以大埔小学为依托，将体育非物质文化遗产与学校体育很好地结合了起来。体育教师通过调整狮的大小、长度来降低舞狮的难度，以适应小学生的能力水平，为非物质文化遗产的传承与发展打好群众基础。此外，大埔花环龙传承人饶武昌教练长期深入大埔县华侨中学，为初中学生传授舞龙技艺和文化知识，20多年时间培养了900多名青少年舞龙人才。

大埔百侯中学是百侯镇唯一一所中学，为了加强鲤鱼灯舞与学校体育的融合，促进鲤鱼灯文化的传承与发展，学校经常会邀请传承人杨良胜到学校口授技术给学生。但学生学习的积极性不够高，练习的人并不多。鉴于此，在学校可以定期设置和更新体育宣传栏，加强对学生在民俗体育这方面的教育，提高学生的认识水平，让学生了解我们的民俗传统文化。同时，专门开设体育舞蹈这门课程，把鲤鱼灯舞带到体育课中，让学生们真正体会到民俗体育的乐趣，使学生在学与乐的过程中将鲤鱼灯舞传承下去。

在大埔迎灯文化的继承方面，不仅仅需要政府部门的高度重视，还需要利用好学校教育这块资源，合理发挥传播的力量，让迎灯文化的传承得到更好的保护。例如，充分利用当地中小学校的教育资源，将迎灯这种传统文化的来源和表演形式编入教科书；同时，让学生们在课余时间可以接触到这种传统文化，初步了解迎灯这种传统文化的民族内涵，以达到传承的初步目的。

据了解，为了保护与发扬民间艺术，从2008年开始，梅江区政府制订了10年保护计划，并采取了理论研究和通过社会普查撰写资料的方式，同时还鼓励身怀席狮舞绝技的老师傅，发挥"传帮带"作用，培养年青一代传承人。在保持传统席狮舞技艺的基础上，不断探索完善，培养创新人才，以期梅州独具特色的席狮舞在客家地区早日焕发光彩。此外，梅江区教育部门在梅州市粤东少林文武学校建立常年培训基地，努力把席狮舞这一国家级非物质文化遗产项目通过教学形式广泛推广。

平远县为了让非物质文化遗产代表性项目走入社区、走进学校和单位，先后多次在当地中小学举办了落地花鼓表演培训班，把传承的具体实

167

施方向融入校园文化。此外，平远县文化部门也在积极开展传统民间艺术落地金钱舞的挖掘、传承、展示等工作。2002 年平远县文化馆干部深入基层小学辅导学生表演落地金钱舞，促使民间艺术进入学校、进入课堂，通过学校教育更好地实现了文化的传承和延续。2015 年平远县东石中心小学被列入平远县仅有的几所"学校少年宫"学校，在开展的众多学生活动中，黄氏头部拳被列入其中。"学校少年宫"成为黄氏头部拳传承与发展的依托和平台。对于平远县的石正龙舞、仁居香火龙等体育非物质文化遗产，相关部门并没有将其与教育部门合作，如果将体育非物质文化遗产纳入中小学相关课程或教学内容，将对其传承起到一定的作用。

五华县部分学校开展客家民俗体育文化进校园的教学改革项目，组织舞龙舞狮、鼓乐、武术等第二课堂活动，加强对五华地区青少年的熏陶与教育，积极引导年轻人学习传统文化，培养客家传统体育文化的爱好者。对比而言，五华锣花舞、竹马舞的学校传承还没有开展起来，建议参考其他非遗项目的传承与发展策略制订项目发展规划，如加强锣花舞、竹马舞与学校教育的结合，可以先在各学校开展趣味课堂，组织道具的手工制作、绘画活动等，让学生对其有了一定的认识和了解，进而编排少儿舞蹈动作，使年青一代真正参与进来。另外，相关学校可专门制定有关锣花舞、竹马舞的书籍教材以及报刊，供学生浏览和翻阅，为学生创新舞蹈动作、改良制作等提供基础知识。

3. 探寻新路径并强化基础建设

面对保护与传承中存在的各类问题和困难，探寻新的发展途径和方式是体育非物质文化遗产必须面对的问题。体育非物质文化遗产的传承与发展必须结合具体的项目类型、特点及当地的具体实际来进行。如大埔地区的体育非物质文化遗产，可以充分借助其旅游胜地的优势，结合非物质文化遗产项目（花环龙、鲤鱼灯、仔狮灯等）的特点，营造浓郁的体育非物质文化遗产旅游环境、氛围，让游客体验到大埔旅游的浪漫与神奇，使大埔县体育非物质遗产项目通过游客的广泛参与、宣传而得到传承和发展。与此同时，大埔地区的相关部门也尝试利用竞赛来推动和促进体育非物质文化遗产项目发展。通过与学校教育互动，让学生体会到体育非物质文化遗产项目的乐趣，并从中选拔人才参加每年定期举办的各省市比赛，有效地促进了该项目的开展。如：2013 年 7 月，县文化馆精心编排的民间传统舞蹈《少儿仔狮舞》赴东莞参加广东省非物质文化遗产传统舞蹈汇演；2014 年 1 月 11 日晚，《星光大道》第四场年度分赛冠军——来自梅州市客家山歌传承保护中心的细哥细妹组合在节目中"家乡美"的环节，将大埔的鲤鱼灯搬上了央视大舞台。此外，石正龙舞、仁居香火龙、平远黄氏头部拳等体育非物质文化遗产通常只在逢年过节时才能看到，而在一些大型文艺表演中或在旅游景区却很少出现。因此，平远县相关文化和旅游部门也在积极尝试将一些大型商业演出与这些体育非物质文化遗产结合，以及在各旅游景区增设体育非物质文化展演等活动，希望通过这些举措解决部分项目发展资金问题和对外宣传问题。

大埔的龙珠灯是以宗亲会的模式来开展的，所有的运行资金都是萧氏后人自己捐凑。但是随着社会的发展，大量的年轻人对这些传统的文化形式逐渐淡漠，自筹经费的形式开始让迎龙珠灯活动的开展受到一定影响，明确发展重心成为迎龙珠灯势在必行的问题。因此，大埔文化站和萧氏后人采取了一系列的措施来拓展迎龙珠灯活动的发展空间。他们通过现有的传统舞龙队来开展迎龙珠灯的相关技艺和文化的宣传，引导舞龙队通过参加开业典礼、红白喜事等活动进行创收，通过与其他舞龙队的交流和竞争来推动和促进迎龙珠灯活动的创新与发展。同样，平远落地花鼓也是通过平远县政府、企事业单位、社会热心人士和广大人民群众的人力、物力、财力支持才能在平远县源远流长。

加大资金投入与完善基础场地设施建设是非物质文化遗产传承与保护的前提和基础。笔者通过实地调研获悉，制约丰顺埔寨火龙发展的重要因素之一是场地设施匮乏。而专门为客家火龙节民俗活动建设的场所很少，举行火龙表演的场所仅仅是一片荒地，大部分观众在观看时都是站在田埂或街边上，如遇特殊天气，不仅影响舞火龙的表演效果，也存在一定的安全隐患。因此，当地各级政府部门需加大经费投入用于基础场地设施建设，促进舞火龙的科学发展。设施匮乏是制约大埔百侯鲤鱼灯舞传承与发展的重要因素。鲤鱼灯舞的表演节目所用的地方基本都是公共场所，没有特定的场地，有时甚至在一片荒地上表演。基础设施方面也很差，表演用具、服装等都比较陈旧落后。所以当地各级政府部门需加大经费投入用于

场地设施建设，完善基础设施，以促进鲤鱼灯舞更好的发展。

4. 积极改革与大胆创新

任何文化都不是一成不变的，在人类历史发展进程中，文化的传承与发展必然与社会的发展、环境的变化相适应，否则将消逝在人类文明的历史长河之中。体育非物质文化作为文化的一种形式在传承与发展的过程中也必然要与社会发展和环境变化相适应。因此，体育非物质文化遗产在传承与发展的过程中，在保留原有文化烙印的基础上，必然要结合社会需要和环境变化而加入新的元素，进而在不断地创新和改革中传承与延续。梅州地区的非物质文化遗产传承人同样注意到了这些问题，他们在保持非物质文化自身特点的前提下，也适度对非物质文化项目做了一些改革和创新。

大埔花环龙为了适应观众观看和表演需要，让花环龙造型更美观，表演更具观赏性和艺术性，将花环龙表演由广场推向舞台。经花环龙的传承人饶武昌和其他舞龙艺人、茶阳镇文化站干部讨论研究，对花环龙的道具、舞龙的技法等进行了创新性的改革。与此同时，新培训和组建的首批女子锣鼓队，为花环龙的表演增加了更多的新鲜感。大埔的迎龙珠灯活动为了更好地吸引观众和适应发展需要，在活动形式上增加了很多现代元素。例如：传承人将原来的鞭炮改成电鞭炮，大大降低了活动的危险性；将原来的蜡烛改为电灯泡，使活动更符合当代社会绿色环保的潮流。在活动的形式和内容上更加科学、健康、文明、高尚，使迎龙珠灯更好地与时代发展相适应，让广大人民群众更好地接受，走上可持续发展的科学道路。创新让迎龙珠灯更加贴近当今社会，坚持改革、勇于创新成为迎龙珠灯可持续发展的必经之路。

历代的传承人对平远落地花鼓活动进行了大胆的创新和改革。首先在活动表演形式上，由起初的旦和丑两人表演到民国前增加了"生"的角色，变成生、丑、旦三个人的表演。现今又大胆吸收了其他曲艺的优点，同时增加了符合大众口味和现代生活形式的角色表演。其次是在表演内容上进行了创新，早期的活动题材内容主要以民间故事或民间传说为主，后来增加了许多男女爱情、喜庆风俗和时事政治等题材的表演。随着时代的发展和进步，现如今人们的生活文化和对美的要求进一步提高，在活动题材内容方面也更多地表达了大众生活的演变历程和追求更高的非物质文化生活的愿望。为适应时代要求，落地花鼓在不脱离现实的前提下，紧跟时代步伐和反映民众现实生活，赢得了大众的喜爱。再者是曲调音乐的创新，落地花鼓在原有曲调上可以吸收其他民间曲艺品种和民间音乐的长处，也可吸收现代流行音乐、歌剧院和外国艺术音乐等，增加表演的欣赏性。同样，平远船灯舞在继承和发展的过程中，在活动形式、内容、方法等方面也进行了改革的尝试。有些船灯舞爱好者提出，可以增加船灯舞节庆展演的次数，如在五一、中秋、国庆、新年等节日进行表演，使船灯舞更好地融入百姓的生活当中。同时，现在的船灯舞主要都是白天表演，在初期船灯的制作方面，可以考虑船灯舞在晚上表演的尝试，在船灯身体内部可适当加入彩灯元素，使得表演内容更加焕然一新，加强人们的视觉审美效果。

兴宁当地人对体育非物质文化遗产——杯花舞也进行了一些改革和创新，使杯花舞的表演屡出精品。例如《明月照山乡》《杯声阵阵》等曲目的编排让客家传统体育非物质文化遗产——杯花舞焕发了新的生命力。丰顺埔寨火龙在继承和发展的过程中，也要正确处理多元性与统一性、民族性与世界性、表演性与观赏性的辩证关系，在活动形式、内容、方法诸方面要进行改革，定期举办相应的节庆活动，使其融入百姓的生活中，并使其得以不断发展，进而走上更加高尚、健康、文明、科学的轨道。平远县的落地金钱传承人十分注重表演艺术性的创新，他们在结合其他民族的表演艺术的基础上进行创新，为落地金钱的表演注入了新鲜的血液，为落地金钱的发展增添全新的动力。

5. 强化宣传与对外交流

非物质文化遗产的宣传可以利用公共传媒（广播、电影、电视、互联网等）、自媒体（微信、微博等）、报纸、杂志、书籍、教材等多种形式进行。随着国家对非物质文化遗产的关注和重视，梅州市各地区也开展了一系列保护和宣传非物质文化遗产的工作。例如蕉岭县文化馆、蕉岭县非物质文化遗产保护中心编写了蕉岭县非物质文化遗产丛书《蕉岭莲池舞》，其详细记载了莲池舞的项目简介、分布情况、基本活动内容、传承谱系、传承人物、项目特色特征、重要价值和传承与保护情况。书中除了对已有

资料进行汇总，也对莲池舞的创新和研究进行了论述，有力地推动了客家"香花佛事舞"的传承与保护。政协平远县文史资料编纂委员会、平远县文化广电新闻出版局联合主编了《平远文史》（第 19 辑·非物质文化遗产专辑），书中详细记载了平远客家传统舞蹈平远船灯、落地金钱、舞龙（香火龙）、龙舞、鲤鱼灯、马灯舞、民间舞狮和黄氏头部拳及民间曲艺落地花鼓等 30 个客家体育非物质文化遗产项目。该书以图文并茂的形式，全面系统地介绍了平远县非物质文化遗产项目的历史渊源、传承区域、表现形态、文化价值及项目状况等内容。这些文字材料为深入研究客家非物质文化遗产提供了详细、真实、客观、权威的理论与实践依据。此外，一些电视媒体也对客家非物质文化遗产进行了宣传。2013 年 9 月 19 日，兴宁杯花舞"杯花声声"被搬上了"梅州月·中华情"2013 年央视中秋晚会。2014 年 3 月 15 日，少儿落地花鼓《客家情》在中央电视台少儿栏目《大手牵小手》中播出。2016 年兴宁市文化馆"杯花"艺术团的《明月照山乡》在广州举行的全民健身暨全国舞蹈电视大奖赛广东赛区晋级赛上斩获冠军。2019 年 12 月 20 日，由平远另一中心小学学生表演的《落地花鼓》在 CCTV - 17 农业农村频道《我的美丽乡村》中播出。

梅州市各区县相关部门在加强非物质文化遗产文字与音像资料收集整理的同时，还积极加强本地区非物质文化遗产与其他地区的文化交流活动。例如：1999 年平远落地花鼓参加广东省"旅游、美食、艺术"节活动；2010 年平远船灯代表广东省参加上海世博会举办的"激情亚运，绿色广东"为主题的"广东活动周"展演和巡游活动，受到国内外观众的热烈欢迎；2015 年平远船灯在佛山参加"2015 广东国际旅游文化节"巡游表演；2013 年平远落地金钱参加梅州市"山花灿漫·幸福梅州"三八节文艺汇演；2008 年，蕉岭文化馆新编的莲池舞参加了梅州市第六届艺术节展演，深得专家和群众的好评，为后来的传承发展奠定了基础；2015 年蕉岭县文化馆重新创编的莲池舞参加梅州市"非遗大观年蕉岭之夜"演出，再现了莲池舞的风采，让观众重新感受到了客家佛教舞蹈的魅力。丰顺埔寨火龙以其场面激烈壮丽、动作惊险刺激、容纳观众多等特色，成为观赏性极强的大型喜庆表演节目，先后在广西、福建、广州、深圳、珠海、肇庆等 20 多个省市表演过。如，1987 年参加广东省首届民间艺术欢乐节表演；

1990 年应邀参加福建省"国际水仙花节"表演；1992 年应邀参加珠海市"海上欢乐节"表演；1994 年应邀参加"梅州客家联谊会庆典暨世界客属联谊大会"表演。2011 年 2 月 13 日至 22 日，应台湾苗栗县乡土文化交流协会邀请，广东省梅州市丰顺县"埔寨火龙表演交流团"一行 29 人赴台参加苗栗县 2011 客庄十二节庆"苗栗火龙"交流演出活动，并取得圆满成功。此外，除了大埔百侯鲤鱼灯舞外，平远也有鲤鱼灯舞，全国各地都有关于鲤鱼灯的民俗体育活动，例如江西吉安、福建南康、重庆大足等。传承人可以通过各地鲤鱼灯的对比、学习，从中获取其精华，激发创作灵感，在制作、表演曲目、表演动作、配乐等方面进行创新。

平远船灯和平远落地花鼓均具有独特的客家文化特征，从 1992 年开始船灯舞在国外进行了多次表演，但其知名度还远远不够。政府相关部门应积极搭建对内和对外交流平台，充分利用各类资源，增进船灯文化、落地花鼓技艺与国内和国外不同民族文化的交流与合作。例如：目前已有几个客家特色传统体育项目组成客家非物质文化展演团，在平远五指石旅游区进行表演，并且计划从梅州到广东省、再到全国各地乃至国外进行商业巡演或公益巡演，进一步宣传客家文化和提升船灯舞的知名度。民间文化活动的对外宣传与交流离不开社会媒体的介入，在积极寻找文化发展道路时，应充分利用社会各种媒体的介入，主动联系其他省市乃至国外等地方进行表演、学习与交流，促进客家非物质文化遗产的传播。

6. 积极培养和选拔后备人才

客家人注重孝道，蕉岭莲池舞和梅江区席狮舞都是在丧葬期间开展的佛教舞蹈，其传承人大多为僧尼，传承人具有一定的特殊性。牧原和尚始创莲池舞后，经历了几代传承人的传承与发展，延续至今。目前，有记载的是林福祥（第七代传承人），由白马寺第六代传人传授。第八代传承人是千松庵弟子释盛辉和高台庵的林荣标。第九代传承人是出家七圣宫的丘春蓉和出家千松庵的黄雪玲，还有一位代表性传承人是出家扬子宫的黄婷新。梅江区东郊周溪村的碧峰寺是国家级非物质文化遗产保护项目席狮舞的保护基地。碧峰寺的住持释宝华法师是国家级非物质文化遗产项目席狮舞的代表性传承人。席狮舞的道具非常简单，完全靠舞者的动作来表现狮子的各种形态，所以每个动作都要经历成千上万次的演练才能做到神似，

习艺周期长、难度较大，加上随着殡葬制度改革——丧事从简，席狮舞在乡间民俗中的展示平台日益缩小，不少跟释宝华学艺的徒弟因为种种原因而放弃了。尽管徒弟的离去让他有点难过，但令他欣慰的是包括他儿子在内的新一代传人已经学有所成，基本能够独立表演席狮舞了。

梅州客家体育非物质文化遗产如丰顺埔寨火龙、大埔迎灯等都有自己的传承人，这些非遗项目大部分以家族形式传承。例如，丰顺埔寨地区的舞火龙因为祖辈相传的缘故，火龙只有埔寨张氏的后辈才懂得如何制作，而这门技艺现在也只有张氏后辈在传承。丰顺龙舞（埔寨火龙）代表性传承人张自进是第五批国家级非物质文化遗产代表性项目传承人。目前，丰顺埔寨火龙大部分是由年长的老一辈人制作火龙，年轻人大多不太懂如何制作。而且，舞火龙在成为第一批国家级非物质文化遗产后，火龙的制作技艺才被重视起来，现今张自进的两个儿子每逢过年火龙表演的时候跟着他学习制作火龙。大埔迎灯也是主要以萧氏和饶氏的家族形式传承的非物质文化遗产，百侯镇侯北村村民萧晓雄是市级龙珠灯传承人。

为了传承和延续客家体育非物质文化，也有打破家族传承形式的非遗项目。例如，大埔花环龙原为饶氏迎灯活动的重要内容，其传承主要是在饶氏中开展。后来，长期从事花环龙的制作、编排和传承工作的代表性传承人饶武昌，从1997年开始招徒授艺，共收了4名亲传弟子，包括花环龙县级非遗传承人的王联泉（族外弟子）。蓝奕双是大埔县民间舞蹈道具编织工艺代表性传承人，8岁开始跟着母亲学习编织，熟悉鲤鱼灯、仔狮、花环龙、黑蛟灯的每一个制作细节。虽然，现在愿意学习和传承编织工艺的年轻人不多，但还是有5位女孩子愿意跟随蓝奕双学习和传承客家非物质文化。大埔县文广新局、文化馆等相关部门不定期为蓝奕双举办"鲤鱼灯"各类公益性讲座和培训班，旨在让她能将自己的手艺传授给更多的年轻人。

此外，杯花舞、仔狮灯、船灯舞等类型的具有大众参与度的客家非物质文化遗产项目大都采用普及与提高的形式培养传承人。兴宁杯花舞本是一活态的文化遗产，需要在原来基础上有所创新。因此，兴宁杯花舞的传承需要重视对青少年的培训，青少年会随着自己的成长环境的变化而给杯花舞的传承与发展带来时代的元素，有利于杯花舞的创新发展。平远落地

174

花鼓的传承人员大多是老一辈，少数是年青一代。第九代传承人洪树湘在保留落地花鼓的表演形式、内容、服装、道具及曲调等基础上对其进行了改革和创新。为了保护这一非物质文化遗产能够继续传承和发展，更适合现代人观看，确定了行业文化、社区文化、校园文化三个主要发展方向，让更多具有代表性的落地花鼓表演深入社区、学校和单位。400多年前，平远落地金钱正式兴起，明末清初，该舞蹈主要通过社会传承、师徒传承两种模式存在。而要想实现落地金钱的可持续发展，就必须不断培养和发掘有传承意愿的年青一代传承人。

五华下坝迎灯艺术人才队伍的培养主要是针对灯笼制作手艺、敲锣打鼓方法、舞龙舞狮技巧的培养，并积极传授手艺，培养新人。客家体育非物质文化遗产的船灯作为活的文化，它的价值不单体现在传承人创作的作品上，更在于传承人所拥有的技艺以及技术，因此对船灯保护的核心之一就是对传承人的保护。五华地方管理部门创建了竹马舞活动基地，开展挖掘、创新竹马舞活动，培养竹马舞艺术新苗；提高竹马舞艺术传人（老艺人）的福利待遇，发放生活补贴；打造竹马舞特色文化品牌，着力培养艺术人才，举办竹马舞艺术人员培训班，包括表演人员、道具制作人员。

7. 提高民众的传承与保护意识

提高民众对非物质文化遗产的传承与保护意识至关重要。五华下坝迎灯文化历史悠久，具有鲜明的民俗特点，在大埔具有非常大的影响力。随着时代的不断进步，人们的价值观和审美观发生了巨大的改变，生态文化变化也非常大，对迎灯这些传统文化的冲击越来越大。之前外出的下坝人为了参加正月十五迎灯活动，都会赶回家乡相聚一堂闹元宵。祭祖先、迎花灯，这是客家人浓郁的归"根"意识。现阶段，很多年轻人外出打工，初七左右就要回单位上班了，单位较远的话，就无法返回家乡参加迎灯活动。因此，现今年轻人对迎灯的传承意识也越来越淡薄了。要进一步提高民众的文化传承意识，就必须从儿童和青少年开始抓起。

为了保护平远船灯舞，需要提高民众对船灯舞这一传统体育活动的认识水平，充分认识到它的历史文化价值、继承价值以及它所能带来的经济价值，才能使"船灯"有良好的发展前景。同时，通过教育的途径加强宣传工作，目的是提高人们对民族传统体育活动认知程度，唤醒人们对民族

传统体育活动的保护意识。特别是现在的年青一代，许多年轻人根本就不知道什么是"打船灯""舞船灯"，出现了对非物质文化遗产认知和记忆的断层。通过教育和宣传，使广大青少年自觉参与到保护船灯这一民族传统文化遗产当中。为此，平远县相关部门制定了科学有效的机制，为传承人提供舒适的创作环境、成果展示平台、生活资金补助等，鼓励传承人培养年青一代的后备人才。当地政府部门已经意识到为了使船灯的技艺能够与时俱进、不被遗忘和遭遇破坏，就必须从年青一代抓起，注重培养传承人。

大埔百侯镇为了做好本村龙珠灯文化的宣传，把龙珠灯推广到各镇，提高民众对"百侯龙珠灯"这一传统体育活动的认识水平，传承人萧晓雄每年元宵节前都让在家的小朋友帮忙做龙珠灯，并且龙珠灯活动中一些扛高灯的活动也会让小朋友帮忙。让小朋友通过参加这些活动，从小感受民俗活动氛围，体验民俗活动中的角色，培养对民俗活动的兴趣爱好。五华县政府在当地中小学通过举行武术、跳舞等比赛活动，发挥人们的艺术创作水平，使下坝迎灯、竹马舞、锣花舞的制作有所创新与突破，并增强人们对武术文化的认识与了解，巩固大埔竹马舞、锣花舞发展的群众基础，营造社区下坝迎灯、竹马舞、锣花舞活动的文化氛围。

8. 建立健全各类管理机制

完善非物质文化遗产的收集、整理工作机制。为了更好弘扬和传承祖国宝贵的非物质文化遗产，梅州市各市县区的相关部门按照国家和省、市、县对非物质文化遗产普查保护工作的要求，选择了一批文化价值高、基础条件较好、濒危的重点项目进行了挖掘、整理、普查、传承与保护，对于一般的项目进行登记造册。

客家体育非物质文化遗产传承模式具有代表性的是蕉岭莲池舞。蕉岭县文化部门十分重视对非物质文化的保护工作，成立了非物质文化保护中心，专门组织人员对莲池舞项目进行挖掘、整理，并在全县范围对莲池舞的传承人及其表演活动进行调查和摸底。在蕉岭县太平宫、千松庵等的莲池舞传承人的大力支持下，完善了蕉岭莲池舞的资料并编写了非物质文化遗产申请书。由蕉岭县文化馆向县人民政府申请，并于 2008 年入选蕉岭县级非物质文化遗产名录；同时向梅州市人民政府申报，于 2009 年被梅州市人民政府列入第二批市级非物质文化遗产名录。同年向广东省文化厅申报，被广东省人民政府批准列入省级非物质文化遗产名录。

借鉴蕉岭莲池舞的传承与保护机制，传承与发展客家体育非物质文化遗产首先是要加强对有关非物质文化遗产项目的挖掘和整理。平远县文化部门积极做好落地金钱的保护工作，把有关落地金钱的资料，通过录像、录音、文字、照片等方式保存下来，整理归档并建立专门的档案。与此同时，平远县文化部门积极搜集整理、挖掘和保护落地花鼓的档案资料数据库，通过录音、录像和数字化多媒体制作并出版了《落地花鼓》专辑。大埔百侯镇加强了对鲤鱼灯传统体育活动的有效管理，特别是对鲤鱼灯的组织形式以及制作鲤鱼灯的方法进行挖掘和保存。在具体的管理活动上，用展示、比赛等方式鼓励传统体育活动——百侯鲤鱼灯内部的相互交流。

五华县文化广电旅游体育局对竹马舞重新进行了专项普查，全面进行收集、整理、编辑有关资料，将其历史渊源、分布情况、传承谱系、剧目、表演艺术等通过编辑成文字、图片、录像、录音，建立了完整系统的档案；举行县、镇、村、家庭等代表队的竹马舞汇演。梅江区文化部门进一步全面深入、细致地开展了席狮舞的普查工作，彻底摸清席狮舞发生、发展的历史沿革，以及历代传承、舞蹈的共性和个性差异、道具、器乐及价值等全部状况。特别是对于一些说法不一的问题，进行深入研究后给出了官方权威的结论。将研究所获文字、数据、视频等资料进行归类、整理、存档。在深入开展理论研究的同时，抓好席狮舞表演特征与舞蹈、体育非物质文化本体的研究，并把这些研究成果编写成书予以出版。将席狮舞涉及的道具、乐器等陈列在博物馆里，并且加以该项目的视频录像作为补充。

此外，鉴于非物质文化遗产的特殊性，传统的靠确认、立档、研究、保存、保护、宣传等措施，尚不足以对其进行全面保护。随着现代化进程的加速，可用现代化手段对非物质文化遗产进行保护，如多媒体、录像、录音、光盘、数字化、软件化、互联网、书报、杂志、电子书等多种先进的方法。同时，开展体育非物质文化遗产的全面普查工作，建立非物质文化遗产数据库对非物质文化遗产进行保存，是抢救和保护民族传统体育非物质文化遗产的最基本工作和任务。对非物质文化遗产进行全面普查的目

的，是为了了解民族传统体育文化遗产资源的分布、构成、保护传承情况及其所面临的危机。随着经济的快速发展和工业化的加速，各地非物质文化遗产面临着消亡的危险。因此，记录、保存非物质文化遗产资源，建立非物质文化遗产资源数据库，势在必行。

9. 主动发掘和保护非遗传承人

传承人是非物质文化遗产传承的主体，非遗代表性传承人是指那些"直接参与非物质文化遗产表演、制作等传承工作，并愿意将自己知道的相关知识和技能传授给后人的某些自然人或群体"。各级非物质文化遗产名录的申报都严格执行传承人认定机制，说明传承人是非物质文化遗产传承与发展不可或缺的关键要素。为有效保护和传承国家级非物质文化遗产，鼓励、支持和保障国家级非物质文化遗产项目代表性传承人开展传习活动，国家文化部起草了《国家级非物质文化遗产项目代表性传承人认定与管理暂行办法》，对国家级非物质文化遗产项目代表性传承人的认定标准及其权利、义务和管理做出了明确规定。梅州客家体育非物质文化遗产项目种类繁多，涵盖了舞龙类、舞狮类、民俗类、传统舞蹈类、武术类等多种形式，有些项目如莲池舞、席狮舞等的产生和传承具有极强的特殊群体性。因此，梅州客家体育非物质文化遗产传承人的保护与后备人才的培养，应根据项目不同分类进行。

各地区政府部门应该结合本地区实际，组建由政府非物质文化遗产的保护工作负责人和各个非物质文化遗产的传承人成立的非遗保护小组，在非物质文化遗产的传承过程中发挥政府的引导作用，促进传承人之间相互交流、取长补短、相互借鉴。政府部门要高度重视，重点扶持，加大资金投入，加强对非物质文化遗产传承人保护的力度，加强非遗传承与保护队伍的建设，加强对中、青、壮年层次传承人的培训。但是，笔者在走访调查中发现，有部分年岁已高失去传承能力的老艺人，他们有清醒的头脑和技艺，但因身体原因行动不便，在申报非物质文化遗产项目代表性传承人时没有成功，可是他们却坚持认为自己是"传承人"，进而出现一些不和谐的言论和举动。这种情况的出现对保护和传承非物质文化遗产都是极为不利的，尤其是在申请国家级非物质文化遗产项目中更为普遍，因为这涉及国家级非物质文化遗产项目代表性传承人的经济利益——补助经费。如何针对这部分人进行教育、引导，引导他们放下包袱，树立高尚的思想，将自己所掌握的技艺无保留地传授他人，培养后继人才，使珍贵的非物质文化遗产项目后继有人，成为目前亟待解决的问题。

　　命名和公布非物质文化遗产项目代表性传承人，是开展非物质文化遗产保护、鼓励和支持传承人开展传习活动而采取的一项重要举措。作为非物质文化遗产项目代表性传承人，应自觉将自身所掌握的精湛技艺无私地传承下去，做到后继有人、技艺永传。然而不可否认的是，部分代表性传承人综合素质较低，缺乏明确的目标或是追求片面性的利益，导致不能正确传承、发展非物质文化。因此，很有必要对代表性传承人进行引导、指导性培训。例如，湖北恩施土家族苗族自治州对民间文艺大师的传承保护，政府给予一定的经济、政治待遇，使民间艺人基本无衣食之忧，能够一心一意带徒弟，为保护民间文化贡献一生。又如广东黄阁麒麟舞设置"麒麟大奖"，定期和不定期地奖励对麒麟舞、麒麟文化做出贡献的个人和单位。这些做法为客家非物质文化传承人的保护与培养提供了借鉴。

参考文献

[1] 刘壮、牟延林:《非物质文化遗产概念的比较与解读》,《西南大学学报》,2008年第5期,第183-187页。

[2] 刘亚:《广东省21市体育非物质文化遗产研究》,《山东体育学院学报》,2011年第10期,第31-36页。

[3] 覃业银:《论非物质文化遗产的本质与特征》,《求索》,2011年第11期,第119-121页。

[4] 李世涛:《试析"非物质文化遗产"的基本特点与性质》,《广西民族研究》,2007年第2期,第182-188页。

[5] 夏冬、李丽、谭兆风:《我国少数民族体育文化特征探讨》,《体育文化导刊》,2010年第9期,第140-142页。

[6] 雷军蓉:《舞龙运动》,北京:北京体育大学出版社,2004年,第5页。

[7] 焦英奇、刘良超:《民族图腾与国家象征:龙狮运动的文化价值与仪式认同》,《体育与科学》,2014年第1期,第104-107页。

[8] 李丽、夏冬:《文化学视域下的客家体育非物质文化遗产"花环龙"研究》,《广州体育学院学报》,2017年第5期,第67-70页。

[9] 许晓容:《客家民俗体育活动的成因与功能:体育人类学的视野——以舞火龙为例》,《体育与科学》,2012年第5期,第27-29、40页。

[10] 黄东阳:《非物质文化遗产视野下的梅州"席狮舞"及其音乐研究》,《北方音乐》,2013年第4期,第137-139页。

[11] 蔡享丽:《"杯花舞"的继承与"当代化演绎"》,《中华文化论坛》,2016年第12期,第151-156页。

［12］郭小刚：《广东梅州五华竹马舞探析》，《星海音乐学院学报》，2016 年第 4 期，第 60 - 69 页。

［13］肖灿、刘德欢：《粤东客家地区非物质文化遗产——蕉岭县〈莲池舞〉》，《音乐时空》，2015 年第 23 期，第 32 - 33 页。

［14］蔡享丽：《梅州客家香花佛事舞蹈的审美特征分析》，《星海音乐学院学报》，2013 年第 2 期，第 54 - 60 页。

［15］蕉岭县文化馆、蕉岭县非物质文化遗产保护中心：《蕉岭莲池舞》，内部资料，2015 年。

［16］中国民族民间舞蹈集成编辑部：《中国民族民间舞蹈集成（广东卷）》，北京：中国 ISBN 中心，1996 年，第 526 - 534 页。

［17］吴玉华、陈海琼：《试析客家民俗信仰和民俗体育》，《体育文化导刊》，2014 年第 6 期，第 55 - 58 页。

［18］李华：《平远船灯的渊源、意义及其保护》，《文化遗产》，2013 年第 2 期，第 151 - 158 页。

［19］张俊华、曾桓辉：《梅州客家迎灯体育文化现象与特征研究——以五华下坝迎灯为例》，《广州体育学院学报》，2011 年第 3 期，第 75 - 77 页。

［20］政协平远县文史资料编纂委员会、平远县文化广电新闻出版局：《平远文史：第 19 辑·非物质文化遗产专辑》，2017 年。

［21］王巨山：《非物质文化遗产的特征及其保护的再认识》，《社会科学辑刊》，2006 年第 5 期，第 165 - 167 页。

［22］刘志军：《非物质文化遗产保护的人类学透视》，《浙江大学学报》，2009 年第 5 期，第 36 - 45 页。

后　记

　　为了全面传承和保护非物质文化遗产，国务院办公厅于 2005 年 3 月 28 日发布了《国家级非物质文化遗产代表作申报评定暂行办法》（国办发〔2005〕18 号）。2005 年 12 月 22 日，国务院发布《国务院关于加强文化遗产保护的通知》（国发〔2005〕42 号），要求进一步加强文化遗产保护，决定从 2006 年起，每年六月的第二个星期六为我国的"文化遗产日"，并制定"国家 + 省 + 市 + 县"四级保护体系，要求各地方和各有关部门贯彻"保护为主、抢救第一、合理利用、传承发展"的工作方针，切实做好非物质文化遗产的保护、管理和合理利用工作。按照国家文化部规划建立的"国家 + 省 + 市 + 县"四级保护体系，各省、直辖市、自治区也都建立了自己的非物质文化遗产保护名录，并逐步向市/县扩展。2006 年 10 月 25 日，国家文化部部务会议审议通过《国家级非物质文化遗产保护与管理暂行办法》（中华人民共和国文化部令第 39 号），这是国家出台的关于非物质文化遗产的收集、保护、传承的法律法规，于 2006 年 12 月 1 日起施行。2008 年 5 月 14 日，国家文化部部务会议审议通过《国家级非物质文化遗产项目代表性传承人认定与管理暂行办法》（中华人民共和国文化部令第 45 号），并自 2008 年 6 月 14 日起施行。2011 年 2 月 25 日，第十一届全国人民代表大会常务委员会第十九次会议通过《中华人民共和国非物质文化遗产法》（主席令第 42 号），并于当年 6 月 1 日起开始施行。2012 年 5 月 4 日，国家财政部、文化部发出《关于印发〈国家非物质文化遗产保护专项基金管理办法〉的通知》（财教〔2012〕45 号）。2013 年 6 月 1 日，国家文化部非物质文化遗产司出版《非物质文化遗产保护法律法规资料汇编》。这些法律法规的出台为非物质文化遗产的调查、名录收录、传承与传播、法律责任等提供了强有力的法律法规支撑，是各省、市、县等开展非物质文化遗产传承与保护的重要依据。

为了全面推动梅州地区非物质文化遗产传承与保护工作，梅州市成立了梅州市非物质文化遗产保护中心。2010 年 3 月由梅州市非物质文化遗产保护中心和梅州市文化广电新闻出版局联合出版《梅州市非物质文化遗产大图典》。2015 年 12 月，"蕉岭县非物质文化遗产丛书"编委出版了《广东省非物质文化遗产名录——蕉岭莲池舞》。2017 年 11 月，政协平远县文史资料编纂委员会与平远县文化广电新闻出版局联合出版了《平远文史》第 19 辑。此外，梅州市各地区的广播、电视、报纸、杂志等传统媒体的传播，以及微信公众号等自媒体平台的新型传播媒介的广泛应用，全面推进了梅州市非物质文化遗产的传承与发展。

通过综合研究，我们不难发现，非物质文化遗产的保护不但要通过录音、录像、文字记载等"记忆"的办法加以保护，还要注重对非物质文化遗产的持有者（传承人）进行保护和培养。更重要的是要加强非物质文化遗产本身的"活态性"发展，使其适应时代发展和环境变化。此外，还要积极激发非物质文化遗产在群众情感上的"共鸣"，不断回归和守护传统文化，推动非物质文化遗产的传承与发展。政府相关部门应该加强非物质文化遗产保护工作，完善非物质文化遗产管理制度，做好非物质文化遗产宣传工作，提高人民群众对非物质文化遗产的认知，使其了解非物质文化遗产的内涵。如今全球化和现代化快速发展，我国非物质文化遗产不可避免地承受着越来越大的冲击，维护非物质文化遗产不单是国家文化发展策略的重要组成部分，也是实行国家文化策略的首要途径和实施方法。以往体育非物质文化遗产的保护与传播都是在各种外在因素的促使下进行的，较少思考体育非物质文化遗产的延续传播、存在的根本动力。体育非物质文化遗产传承与保护需要保持非物质文化遗产自身的原生态环境和艺术特色，同时体育非物质文化遗产的发展也要求自身不断演变，以适应社会对文化发展的需要。如何处理好保持与演变之间的关系，是当前客家体育非物质文化遗产传承与发展亟须解决的问题。

为了更好地促进梅州客家体育非物质文化遗产的传承与发展的可持续性，政府部门要利用教育部门、文化部门的资源优势，将非物质文化遗产的有关知识纳入大中小学相关课程或教学内容，推进非物质文化遗产项目

进课堂、进教材、进校园。利用公共文化设施，开展讲座、培训等活动，对社会公众开展非物质文化遗产教育。在现有的博物馆、文化馆等公共文化设施中，设立专门的展厅、展室。鼓励企事业组织、社会团体以及其他组织和个人设立相关的专题博物馆、传习所。通过加强基础设施建设，一方面展示相关的实物资料，另一方面也为代表性传承人开展活态展示和组织传习活动提供场所，增强民众对非物质文化遗产的了解和认识，使这些专题博物馆或传习所成为对青少年进行传统文化教育和爱国主义教育的重要载体。通过组织培训班、现场考察学习、经验交流等方式，经常对现有非物质文化遗产保护工作人员进行业务培训，提高其业务水平和工作能力；同时，委托相关大专院校或研究机构，培养一批高层次的非物质文化遗产保护专业人才。

体育非物质文化遗产的搜集、挖掘、整理、保护、传承和发展是一个系统的工程，需要政府主管部门协同各方面的人力、物力、财力资源进行系统的规划和管理。如何有效处理体育非物质文化遗产的"原生态"性和传承与发展的时代需求，是今后体育非物质文化研究领域值得长期关注的热点问题。

最后，对在本课题研究过程中提供支持与帮助的嘉应学院客家研究院的相关领导，梅州各地区的文化站站长、体育非物质文化传承人及参与课题调研工作的人员，为课题提供大力支持的夏冬教授、何日胜教授致以诚挚的谢意！

李　丽

2019 年 12 月